北京市中策律师事务所
ZHONG CE LAW FIRM

出口信用保险
从业指南

Export Credit
Insurance and Guarantees:
A Practitioner's Guide

[英]兹拉特科·萨尔奇克 著
Zlatko Salcic
黄强 袁杰 刘航宇 译

法律出版社 | LAW PRESS

First published in English under the title
Export Credit Insurance and Guarantees: A Practitioner's Guide
by Z. Salcic, edition: 1

著作权合同登记号
图字：01-2020-3383

译者前言

我和我的团队——北京市中策律师事务所涉外业务团队，从2016年开始，为中国出口信用保险公司理赔追偿部门提供综合性的专业法律服务。近五年来，我们协助中国信保处理了上千件理赔案件，从理论和实践两方面不断探索，积累经验，一边工作一边总结提高。现在，我们对出口信用保险这个特定的专业领域，有了较为全面的认识。工作过程中，我们发现该领域的专业研究资料仍处于相当匮乏的阶段。这使得一个新入行的人，很难快速地对行业有整体性的了解，而更多的是从工作实践中来摸索。可能会在很长的一段时间内，总是有盲人摸象般的困惑。于是，我们团队就有了写一本有关行业介绍的书的打算，但因为经验尚浅，怕挂一漏万，一直未敢着手实施。

中国的出口信用保险行业，最早起源于1989年中国人民保险公司在我国正式开办出口信用保险业务。以2001年中国出口信用保险公司揭牌运营为标志，开始走上快速发展的轨道。自2015年以来，中国信保业务总规模连续在全球同业机构中排名第一。但比之全球出口信用保险行业自20世纪初起源大约一百年的历史，我国的行业发展尚处于年轻阶段。“他山之石，可以攻玉”。如果有别人成熟的理论经验来适当借鉴，岂不是事半功倍？于是，我安排袁杰律师专门负责搜索浏览外国的专著。很幸运，英国律师 Zlatko Salcic 的这本《出口信用保险从业指南》，刚好满足我们的需求。该书是作者在从事出口信用保险实务操作十多年的经验基础上而著的，立足欧盟，放眼全球，包含了对出口信用保险及保证的基本概念、历史变迁、保险类别、程序及国际法律框架等方面的内容，理论覆盖范围较广，深入浅出，可以为从业人员提供有效的指导，增强对行业的宏观认识，提高理论水平。

全书的翻译自 2019 年年初列入本团队的工作计划，陆续推进，但因事务繁多，进展缓慢。事非经过不知难，一本专著的翻译涉及大量的文字工作，也涉及诸多如国际条约、国际银团贷款、国际工程等方面的专业知识和词汇，加之中英文表达习惯的不同，许多细节处都需要反复研究和推敲。前期在近一年的时间里，主要是袁杰律师承担了第一轮的基础性文字工作。刘航宇律师配合完成了许多专业类知识的研究工作。2020 年 2 月起，“新冠肺炎”开始席卷全球，中国也经历近三个月的社会经济停摆期，这反倒使我有了难得的整块儿时间。在这三个月的时间里，我起早贪黑，对全书系统地进行了三遍梳理，逐字逐句推敲，总算是基本上形成了这一版相对“内心确信”的译稿。翻译书籍总是难免留有遗憾，毕竟水平有限，不妥之处，还有待读者批评指正。

通过本书的翻译，明显提升了我们团队对出口信用保险行业的认知层次，经济合作与发展组织（OECD）《官方支持出口信贷的安排》、《促进向低收入国家提供官方出口信贷的可持续贷款实践的原则和指南》、欧盟相关规则、伯尔尼联盟、巴黎俱乐部等有关出口信用保险的国际法律框架,使我们了解了行业的全球宏观框架,相信也会使读者有所受益。

全书的翻译过程中,除了上文提到的袁杰律师、刘航宇律师,还要感谢团队其他成员,包括陈万林律师、李福来律师、祝琳曦律师、张琪律师、李曦冉律师等,分担了大量的日常事务性工作,保证了翻译人员腾出时间精力来完成任务,也感谢大家对本书所提的修改建议。还要特别感谢来自中国人民大学法学院的实习生杨冰杰女士,在第一遍草译过程中,为袁杰律师分担了一部分基础性工作。

感谢中国信保总部及各分公司理赔追偿业务部门的领导、同事们多年以来在工作方面给予的指导和业务交流,才使我们能够在专业方面不断深入和提高。感谢本所梁强主任、吴晓松名誉主任、韩伟罡律师多年以来给予我们团队诸多工作上的关怀、指导和帮助,才使我们团队能够不断成长。还要感谢北航出版社的赵延永副社长,提供了专业的指导意见,为我这个出版界的外行,省去了诸多事务性的麻烦。同时也要感谢法律出版社法律应用出版分社的冯雨春社长、朱海波编辑的高效配合,才使本书得以快速出版。

本书是我们团队的第一本翻译专著,希望能为出口信用保险的相关从业人员提供一些专业的参考。也希望我们团队能够继续进步,不断拓宽并加深与中国信保的合作,更加全面系统地了解出口信用保险行业，争取在将来能出版自己原创的理论作品。

北京市中策律师事务所　黄强

2020 年 6 月 1 日

翻译说明

本书在翻译的过程中，遇到诸多翻译难点，尤其是专业术语缺乏中文专用词汇、中英文表达习惯的差异等。为了更好地符合中文的表达习惯，便于中国读者理解，笔者在翻译过程中对有些英文原义做出了适当调整，也借鉴了他人已有的翻译成果，说明如下：

1. 关于书的标题及范围：本书的全名为"Export Credit Insurance and Guarantees"，直译应为"出口信用保险和保证"。在不同国家，出口信用机构可能采取保险或保证两种不同的方式，但大数情况下均采取保险的方式，我国亦是如此。因为书名会反复出现在本书中，为避免读起来拗口，本书直接采取"出口信用保险"的简化表达。

2. 关于"ECA cover"：本书中，该词多次出现，其字面意思应当是"出口信用机构保险"，在本书中应理解为"出口信用保险"的缩写。"cover"一词表示动作的属性更强，为了适应不同语境下汉语的表达，有些情况下会被翻译为"承保"。换句话说，本书中"ECA 保险"与"ECA 承保"，二者的含义几乎相同，区别仅为前者为名词形式，而后者为动词形式。

3.关于本书中出现的与经济合作与发展组织(OECD)《官方支持出口信贷的安排》有关的词汇,本书在翻译时大量借鉴了由中国金融出版社出版、中国出口信用保险公司译著的同名书籍 2015 修订版的用词,如"OECD participating country"译为"OECD 加入国"、"sector understandings"译为"行业谅解"、"down payment"译为"预付款"、"tied aid"译为"约束性援助"、"the starting point of credit"译为"信用起始日"、"credit enhancement"译为"信用增进"、"country risk mitigation technique"译为"国别风险降低技术",等等。

缩　写

BIT　　bilateral investment treaty　双边投资协定

CIRR　commercial interest reference assessment　商业参考利率

ECA　Export Credit Agency　出口信用机构

ESIA　Environmental and Social Impact Assessment　环境和社会影响评估

EU　　European Union　欧盟

IFC　　International Finance Corporation　国际金融公司

IMF　　International Monetary Fund　国际货币基金组织

OECD　Organization for Economic Co-operation and Development　经济合作与发展组织

UN　　United Nations　联合国

WTO　World Trade Organization　世界贸易组织

前言和致谢

本人在多年前开始从事出口保险和保证业务，想去搜寻一本能够指导各种类型的出口信用保险及保证的书籍。令人惊讶的是这样的书籍竟然难以寻觅，似乎从来没有书系统地分析或描述过这一重要的国际贸易领域。在之后与国家出口信用机构（ECA）的出口商、银行和专家们讨论这个问题时，许多人也认为在日常工作中如果拥有这样一本书，将大有裨益。

本书旨在为国际贸易和贷款交易的诸多参与者，包括律师和其他参与出口业务的专业人士提供从业人员指南。本书基于本人对 ECA 与出口商、银行和境外买方间十多年的操作实践及研究而著。

本书尝试解释出口信用保险和保证的基本概念、历史变迁以及它们与国际贸易中使用的贸易和贷款合同的关系。本书也试图将不同材料以综合的方式组织起来，描述实际问题，并在必要时添加简短的理论解释。本书还试图直接表达要点，努力简化复杂的结构，同时最重要的是为从业者提供一个有用的工具。

本书是根据本人在 2014 年年初以前可得的相关规定和本人

的实践经验而著,本书中表达的观点和意见亦都来源于本人。

感谢 Allen & Overy 的 Philip R. Wood QC 审阅了部分手稿,以及 OPUS 国际咨询服务公司总裁、CITP 的 Alexander R. Malaket 审阅完整的手稿。感谢出版商团队为这个项目所做的工作,感谢编辑 Aimee Dibbens 的高效工作和专业精神。

Zlatko Salcic

目 录

第一部分 主旨、主体及风险

第二部分 出口信用保险的类别

第三部分 程 序

第四部分 法律框架

第一部分

主旨、主体及风险

1 本书主旨及基本术语

本书的主要目的是阐释和分析由出口信用机构向出口商及银行提供的出口信用保险。当出口商向境外买方销售货物或提供服务时，或当银行为促进境外买方向本国出口商购买货物或服务而向境外买方提供贷款时，出口信用风险随之产生。出口信用保险旨在补偿出口商和银行因境外买方未支付信用款项而遭受的损失。出口信用机构是代表国家并受国家财政支持的专门机构，在这一点上，其不同于没有国家支持的自主经营的私营保险公司。

本书中“出口信用保险”简称为“ECA 保险”。“出口信用机构”在本书中亦均使用缩写“ECA”。[①]

ECA 业务以及获得 ECA 承保的裨益对于制造商、出口商、银行、律师和其他从事国际贸易的专业人员而言十分重要。需要强调的是，出口信用保险及其裨益对于中小企业也十分重要。有些中小企业认为 ECA 保险仅向出售大额固定设备的大型制造商及

① 为阅读方便，每章第一处未用简称。

参与到前述交易中的跨国银行提供，但实际上，ECA 保险可向任何规模的企业提供。

一战后，欧洲的几个国家率先设立了第一批 ECA。目前，ECA 已将其业务开展到许多出口国，其承保的信用风险额在国际贸易中占有非常明显的比重。在经济全球化和全球经济危机的背景下，债权人有寻求国家保护其出口贸易中的信用风险的意愿，这使得 ECA 保险的重要性日益增加。

ECA 保险对国际贸易的重要性

根据伯尔尼联盟（出口信用和投资保险业的主要国际组织）提供的统计数据，2012 年伯尔尼联盟成员承保的出口信用贸易和境外直接投资总额已达 1.8 万亿美元。这意味着此类保险承保了超过 10% 的国际贸易额。

1.1 关于本书

本书介绍了有关 ECA 保险的承保要求、承保风险、出口商和银行可投保的保单类型、理赔、追偿程序及规范此类业务的法律框架的实务知识。本书内容并不指向任何特定的 ECA 或国家，而是关于全球的出口信用保险行业的通用知识。本书非旨在为某一特定类型的贸易提供建议，如果读者需要此类专业性建议，应当向相应专家寻求帮助。

本书分为四部分，每部分由若干章组成。第一部分介绍ECA、ECA保险的用户以及ECA保险的承保风险。第二部分介绍关于承保贸易和贷款交易中信用风险的两种基本类型的ECA保险以及其他类型的ECA保险。第三部分介绍投保ECA保险、理赔及追偿所涉及的各种程序。第四部分讨论了规范ECA业务的法律框架。

本书是为参与国际贸易及贷款业务的制造商、出口商、银行和境外买方等所有的国际贸易参与者撰写的从业指南。同时，本书也服务于那些为合同双方提供建议、起草文书或以其他方式提供协助的律师和其他专业人士。此外，本书还旨在为中小型制造商向境外销售其产品和服务提供帮助。

本书的架构较为简明，有助于普通读者理解本书的主旨。阅读本书时，读者无须逐一章节进行阅读，尽可先行阅读自己感兴趣的部分，并按照自己认为更加便利的方式阅读。一些读者可能已经了解了有关ECA保险的一些方面，亦可通过阅读本书的其他方面来完善自己的知识。那些对本书主要内容不甚了解的读者，可先行阅读书中基本术语的简介，然后找到自己更感兴趣和更易理解的章节进行阅读。

本书使用常用的经济和法律术语编写，并尽量避免使用出口信用保险特定术语以及ECA业内专家所使用的金融和保险业的复杂术语。在使用出口信用保险特定术语时，本书将尽可能采取普通读者易于理解的方式对该等术语进行解释。本书还使用了一些简单的插图,以帮助读者更容易理解本书的主旨。

1.2 基本术语

出口信用业务参与者使用的一些特定术语,部分来自其他金融和贸易行业,部分是为了提供出口信用保险而发展演化而来的。以下为本书中经常使用的基本术语的简介,旨在帮助读者更好地理解本书。

信用

在讨论合同的语境下,“信用”被定义为:双方约定由一方向另一方给付一定的利益,而取得另一方承诺在将来某一时间支付对价的合意。基于向另一方给付的利益的不同,信用款项可以分为两种形式:延期支付的货款或贷款。

在关于货物或服务买卖的贸易合同项下,如果约定买方可在将来某一时间支付合同价款,这种条款一般被称为信用条款(或“赊销条款”)。信用条款是贸易合同的组成部分,当然,贸易合同通常还包含其他类别的条款。在贷款合同项下,如果贷方向借方提供贷款,借方承诺在将来某一时间偿还贷款,则该信用条款为贷款合同的基本条款。

以信用条件付款是贸易合同的典型付款方式。当然,合同双方也可能约定以其他条件支付合同价款。比如,双方可以约定在接收货物或服务时付款,即通常讲的货到付款。还有一些贸易合同约定,买方应预付合同价款,卖方承诺在收款后的将来某一时间交付货物或提供服务。

本书不对货到付款和预付款这两种付款方式进行分析。

出口信用

如果买方向境外卖方以信用条件采购货物或服务,此种类型的信用被称为出口信用。在讨论出口信用的语境下,贸易合同约定的出口信用被称为卖方信用。

“出口信用”这个术语还包括出口国银行向境外买方提供贷款用于采购本国货物或服务的情形。在讨论出口信用的语境下,贷款合同约定的出口信用被称为买方信用。

出口信用风险

出口信用风险是指境外买方在信用款项到期时不付款的风险。在国内信用交易中也存在信用风险,但出口信用风险普遍比国内信用风险更为复杂。在本书中,“信用风险”一词通常指代出口信用风险。

出口商

在本书中,“出口商”被定义为以信用条件向境外买方提供货物或服务的卖方或供应商。出口商和境外买方可能会订立多种类别的贸易合同,如货物或服务销售合同、租赁合同以及建设工程合同等。“出口商”一词强调出口贸易的国际性特征,这一特征使其与国内贸易区别开来。本书使用的“出口商”一词特指公司，而不包括个人。

在本书中，“出口商”一词频繁与“银行”一起使用，特别是使用“被保险人出口商或银行”这一表述。这一表述中，出口商或银行是指被 ECA 承保出口信用风险的债权人。

银行

在本书中，“银行”一词用于指代向境外买方提供贷款以用于从出口国采购货物或服务的出口国或第三国的金融机构或其他贷方。虽然当境外买方向银行借款时，其身份为借方，但本书在论述贷款业务时仍使用“境外买方”一词指代借方，旨在强调该等贷款业务的国际性，以及该等贷款业务与出口商和境外买方订立的贸易合同之间的联系。

境外买方

在本书中，“境外买方”有两种含义。其一指代与提供货物或服务的出口商归属于不同国家的买方，其二指代与银行和出口商归属于不同国家的借方。境外买方可能会从银行借款用于向出口商采购货物或服务。本书中，“境外买方”一词均指代法人，而非个人。

ECA 将境外买方分为三类：主权买方、公共买方和私营买方。主权买方是指主权国家、政府、政府部门或其他由国家承担法律后果的机构。主权买方的主要特征是即便其无力偿还债务，也无法进行破产清算。公共买方通常是指由国家、政府完全或主要所有、控制的公司。这些公司可以被宣告破产,也可以在破产程序中被清算。公共买方虽然无法让作为其所有人的国家承担法律后果,却很可能获得国家的财政支持。私营买方既不是主权买方也不是公共买方。境外私营买方是法人实体,通常为成立并注册在进口国的公司,他们是 ECA 承保的境外买方中数量最大的群体。

政治和商业事件

可能导致境外买方未支付信用款项的事件包括政治和商业两种属性。政治事件通常超出了出口商、银行和境外买方能够控制的范围。商业事件会影响境外买方的经营,导致其无力支付信用款项。这些事件的发生通常被称为政治和商业风险。

出口信用保险和出口信用保证

在本书中,“出口信用保险”和“出口信用保证”这两个术语指代 ECA 承保出口商或银行因与境外买方发生贸易或贷款交易而承担的出口信用风险业务。保险和保证是两种相似业务,因为二者的目的均是将出口商或银行承担的出口信用风险转移给 ECA。ECA 会收取一定的保险费作为提供出口信用保险或保证的回报。从 ECA 处获得出口信用保险或保证的出口商或银行称为被保险人。

ECA 保险

在本书中,“ECA 保险”指代包括出口信用保险和出口信用保证两种情形。

一项业务是属于出口信用保险还是属于出口信用保证，取决于该业务的适用法律，但此类业务涉及的合同条款较为相似，其达到的经济效果也相同。一国 ECA 提供的出口信用保证在另一国可能被归类为出口信用保险，反之亦然。出口信用保险和出口信用保证通常并称为“出口信用保险”或“ECA 保险”，本书也采用上述术语。

出口信用机构（ECA）

出口信用机构（ECA）是指为出口商和银行提供 ECA 保险的专门机构。提供 ECA 保险时，ECA 代表其所在国的利益，并接受其所在国的财政支持。因此，ECA 所在国会补偿 ECA 因提供 ECA 保险所遭受的损失。各国 ECA 的组织形式和法律地位均有不同。ECA 的组织形式可以是直接代表国家或作为国家代理人而设立的专业银行、金融公司或保险公司。以银行和金融公司形式设立的 ECA 往往为国家全部或部分所有，而以保险公司形式设立的 ECA 往往是经其所在国授权而从事 ECA 保险业务的私营企业。

贸易或贷款合同

在本书中，“贸易或贷款合同”一词指由 ECA 保险所承保的，并约定境外买方以信用条件付款的合同。出口商与境外买方之间订立的合同为贸易合同，银行与境外买方之间订立的合同为贷款合同。

索赔与赔偿

索赔是指被保险人出口商或银行向 ECA 提出的支付赔偿的请求。本书将“赔偿”定义为 ECA 向被保险人出口商或银行支付款项，以补偿其因境外买方未支付信用款项所遭受的损失。

官方支持

官方支持是指国家向 ECA 提供的财政支持。这意味着 ECA 承保的信用款项未支付的风险最终由国家承担。

《安排》

规范 ECA 保险条款最重要的国际文件是经济合作与发展组织(OECD)《官方支持出口信贷的安排》(下文也可能简称为《安排》，二者同义)，《安排》被若干 OECD 国家采纳，这些国家称为加入国。该文件虽然不具有正式的法律地位，但有以下加入国遵守：澳大利亚、加拿大、欧共体(包括所有欧盟成员国)、日本、韩国、新西兰、挪威、瑞士和美国。

保险费

在本书中，“保险费”一词指 ECA 因提供承保境外买方未支付信用款项的风险而收取的费用。保险费按照 ECA 所承保的信用款项金额的一定比例收取。ECA 通常要求预先全额支付保险费。

担保

“担保”一词指境外买方为了担保其支付信用款项,而在自有财产上为出口商或银行设定的担保物权,或是为了担保境外买方支付信用款项,第三方向出口商或银行提供的保证。

2
出口信用机构和出口信用保险的用户

随着国际贸易、经济全球化以及官方支持出口信用相关国际规范的发展,出口信用机构(ECA)也得以发展。目前,不同的ECA以相似的方式提供ECA保险,但不同的ECA的地位和组织形式仍然存在差异。这些差异部分是各个国家ECA不同的历史发展过程导致的,但大多数差异是各国经济发展水平以及出口支持政策的不同所引起的。

ECA保险的用户包括以赊销方式向境外买方出售货物及服务的出口商,以及向境外买方提供贷款用于从出口国采购货物或服务的银行及其他金融机构。分析ECA保险时,“出口商”和“银行”这两个术语的含义本来是简单的,但由于全球经济的变化和新型出口贸易结构的不断涌现,“出口商”和“银行”的地位一直在发生变化。许多出口商不再是传统意义上的单一国家的制造商和出口商;同时,为经营国际贸易相关业务,银行的地位和组织形式也已经发生变化。出口商和银行的地位和组织形式的变化,以及他们所使用的新型出口贸易结构,可能会影响到其是否有资格获得 ECA 保险。

2.1 ECA 的地位

根据法律地位的不同,ECA 可分为三类。第一类是由国家全部或部分所有的以银行或其他金融机构的形式设立的 ECA。以银行形式设立的,一般采用进出口银行的组织模式。第二类是虽以私营保险公司的形式设立,但代表国家从事 ECA 保险业务的 ECA。此类 ECA 对财政部门或其他为本国出口提供官方支持的部门负责。此类 ECA 经营的 ECA 保险业务独立于其经营的非官方支持的常规保险业务。第三类 ECA 则作为政府的代理人,代理本国政府提供 ECA 保险。此种模式下,政府的法律地位为保险人。

上述三类 ECA 的共同特征是,他们均会接受或者在必要时接受政府的财政支持。

除了提供 ECA 保险,一些 ECA 还提供直接贷款。这些贷款由 ECA 直接向境外买方提供,用于采购 ECA 所在国家的货物或服务。在一些国家,单个 ECA 可同时提供 ECA 保险和直接贷款;而在其他国家,这两种服务必须由两个独立的 ECA 分别提供。本书将在第 11 章分析此类直接贷款。

尽管 ECA 的法律地位和组织形式各有不同,但 ECA 的业务模式大致相同。这是 ECA 承保的贸易合同和贷款合同较为相似、出口信用相关国际规范的广泛适用、出口信用保单采用的标准条款大致相同等因素导致的。

2.2　目的

历史上设立 ECA 的主要目的是支持本国出口。20 世纪初，工业化国家的政府意识到，国内私有保险公司不愿意对以赊销方式进行的出口向出口商提供信用保险。在当时，造成这种情况的主要原因有账期较长、难以评估境外买方的偿债能力、跨境追偿及预估世界政治发展的经验不足，等等。鉴于出口信用保险行业的空白会对出口导向型工业化国家的经济造成不利影响，一些国家的政府决定通过设立 ECA 这类特殊机构来承保出口信用风险。

自 20 世纪初以来，私营保险公司承保出口信用风险的能力有所提升，但市场对受官方支持的 ECA 承保出口信用风险的需求依然旺盛，ECA 在出口信用保险市场上依旧非常活跃。目前，私营保险公司已经愿意承保短期出口信用风险，但中长期出口信用风险依然由受国家官方支持的 ECA 承保。

向境外买方提供 ECA 保险和直接贷款均会受到国际监管。经济合作与发展组织（OECD）《官方支持出口信贷的安排》的加入国及欧盟成员国的 ECA 需遵守相关国际法律框架。本书将在第 21 章和第 22 章分析前述 ECA 所遵守的国际法律框架。

术语—ECA 产品

ECA 提供多种类型的保险和保证,以承保本书第二部分所分析的信用风险和其他类型的风险。这些类型的保险和保证有时被称为产品,这属于银行和其他金融机构提供金融服务时使用的现代术语。但是“产品”一词其实并不准确,使用“ECA 保险”一词通常更容易被接受,因此本书使用“ECA 保险”一词统称 ECA 提供的所有类型的保险和保证。

2.3 官方支持

在讨论出口信用的语境下,“官方支持”这一术语的含义似乎并不确切,但至少意味着国家的介入。出口国政府提供官方支持的方式有两种:其一是通过提供 ECA 保险承保信用风险;其二是向境外买方提供直接贷款用以采购出口国的货物或服务。

将私营出口信用保险与受官方支持的 ECA 保险相对比,可以帮助读者更好地理解“官方支持”一词。很多出口国的私营保险公司都可以承保短期出口信用保险,但私营保险公司往往会对其可承保的信用风险的种类加以限定,且私营保险公司不愿突破这种限定而承保新的风险。此外,私营保险公司也不愿承保中长期出口信用风险。

相较之下,ECA 代表国家向本国出口商提供 ECA 保险。ECA 专注于承保出口信用风险这一类风险,而且无论是短期还是中长期信用风险,ECA 都有更强的承保能力,这是 ECA 的优势之一。

官方支持的 ECA 保险的另一个优势是国家是无法破产的。这意味着即使 ECA 的赔款准备金不足以支付被保险人出口商和银行的所有索赔,这种 ECA 保险仍是安全的。假如发生上述情况,国家将向 ECA 提供额外资金以支付所有索赔。而如果私营保险公司因无力偿债而无法支付索赔,国家将不会给予额外的资金支持。私人保险公司可能会无力偿债甚至破产,这是向私营保险公司购买保险时必须考虑的特定风险。

第二种形式的官方支持是向境外买方提供 ECA 直接贷款,用于从出口国采购货物或服务(见图 2.1)。这些贷款会使用固定利率,这对于境外买方很有吸引力,相反,私人出借方和商业银行通常不愿为商业交易中的融资提供固定利率贷款。前述固定利率不能低于国际规定的最低限制,有时候该固定利率对借方来说并不比浮动利率更加有利。无论如何,固定利率的 ECA 直接贷款为境外买方提供了一种更好的选择,也会激励境外买方从特定出口国采购货物或服务。除了固定利率这个因素,“官方支持”有时也会对促使 ECA 愿意提供贷款起到相当大的作用,尤其在商业银行不愿提供直接贷款的情况下。

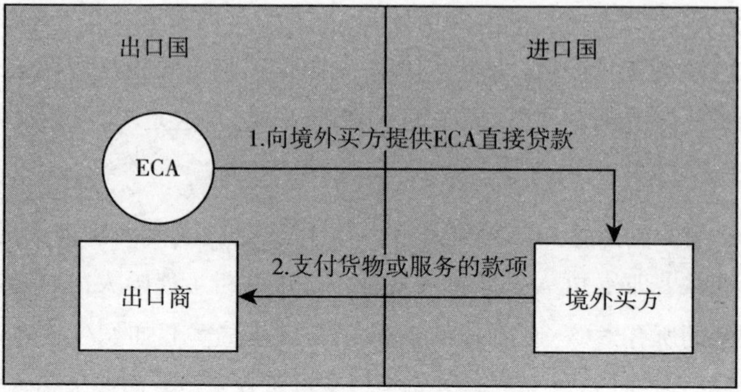

图 2.1　ECA 直接贷款

2.4　ECA 保险的用户

ECA 所遵守的一项基本规则是，只有在 ECA 所在国注册的出口商才有资格获得 ECA 保险。这是因为国家授权 ECA 支持本国出口商的出口，故不会向其他国家的出口商提供保险。同理，出口商亦不具备从其他国家 ECA 处获得保险的资格。上述规则看似十分清晰，但由于贸易的复杂性以及出口商一方有境外因素的介入，上述规则如何解释适用具有很大的不确定性。

当 ECA 被要求对以下几种情况提供保险时，其权限可能会受到限制，包括合同双方均来自进口国的交易、出口的货物包含从第三国采购的组件或出口信用交易中包括第三国的参与主体。这些情况以及其他相似情况，将在本书第 7 章、第 8 章和第 14 章进行详细分析。

2.5 “出口商”一词的含义

在讨论ECA的语境下,“出口商”一词通常指在出口货物生产国注册成立的公司。而提供服务的出口商则可能在其注册国、境外买方所在国或第三国为境外买方提供服务。这便是“出口商”一词的传统含义,该含义广泛适用于ECA承保的大量交易,特别是当出口商是中小型公司时。

然而,当分析大型制造商时,因其组织形式为在境外设有子公司的跨国公司,则“出口商”一词的含义更为复杂。有跨国公司参与的出口贸易往往更加复杂,这是因为跨国公司在向境外买方销售货物或服务时,他们的境外子公司往往会作为代理人、分销商或居间人的身份参与交易。有时,货物会在进口国组装或部分生产,并在当地销售。有时,货物会部分或全部在第三国完成生产并发往进口国,整个过程不会与出口商注册国发生任何直接联系。这种有境外子公司参与的出口贸易结构是由经济全球化和跨国公司新的组织结构所引起的,旨在降低制造和交易成本。

然而,即便作为跨国公司,其在对外赊销货物或服务时,也需要ECA承保其在出口信用交易中所承担的信用风险。在决定是否为这种复杂出口交易提供保险时,ECA需要对该笔交易进行全面分析,分析过程中需要考虑的因素包括:确定出口商的身份及其与进口商的关系、评估出口货物或服务的外国成分以及ECA是否具有相应的授权来承保特定交易。

处理复杂的出口信用交易时,可能会出现一些问题。其中之一便是第三国 ECA 是否参与承保信用风险。当部分组件在第三国生产,然后组装为成品从出口国出口,则第三国 ECA 可能会参与承保。如果第三国 ECA 不愿或无法参与承保,出口国 ECA 是否应当承保全部风险?当 ECA 决定不予承保特定交易时,出口商是否可以通过改变交易结构而使之变得适合 ECA 承保?这些问题及其他问题将在本书第 7 章进行分析。

2.6 "银行"一词的含义

在讨论 ECA 的语境下,"银行"一词指向境外买方提供贷款用以从出口国采购货物或服务的银行。这一术语的含义也包括未注册为银行和不具有银行执照的其他金融贷款机构。与出口商不同,银行和其他金融机构通常都会受其注册国财政部门的特别监管。

在经济全球化的背景下,一些大型银行已将业务扩展到全球众多国家,这些银行也被称为跨国银行或全球银行。然而,银行拓展海外业务的方式与跨国公司有所不同。不同之处在于银行通常在国外设立分支机构,而非子公司。与子公司不同,分支机构不是独立的法律主体。换言之,分支机构仅是其总行的组成部分,以总行的名义从事商业活动、行使权利及履行义务,并由总行承担相应的法律责任。还要说明,各国法律关于境外银行分支机构的规定各有不同,在有些司法管辖区,其可能会被认定为独立的法律主体。

ECA 关于银行通过分支机构获得保险的相关规定,是一个很复杂的问题,本书将在第 8 章对此进行更详细的分析。

2.7 ECA 保单的被保险人

ECA 保单的被保险人是指保单文件中记载名称的保单签发对象实体。该法律主体可以是以公司形式设立的出口商,也可以是银行。从理论上讲,个人也可以以出口商的身份成为被保险人,但实际上,个人通常不会申请 ECA 保险。

“被保险人”(insured)一词在 ECA 业内被广泛使用,但业内也会使用“投保人”(policy-holder)或“保证所有人”(guarantee-holder)一词称呼被保险人,为避免混淆,本书只使用“被保险人”(insured)一词。同样,“ECA 保单”(the ECA policy)有时也被称为“保证”(the guarantee),为简便起见,本书仅使用“ECA 保单”(the ECA policy)一词。

2.8 ECA 保单的受益人

当出口商与境外买方订立赊销的贸易合同并就此取得 ECA 保险时,他有可能在应付款日到期以前,将其向境外买方主张价款的权利折价转让给银行。在这种交易中,出口商会被要求将其在 ECA 保单项下的权利一并转让给债权受让银行。一旦 ECA 保单项下的权利转让给银行,该银行即成为 ECA 保单项下的受益人。

ECA保单受益人的地位与被保险人的地位不同。受益人仅享有向ECA主张赔偿金的权利,这也是保单项下最重要的权利。而被保险人在获得保单的时候就同时享有权利和承担义务。即便被保险人将其在保单项下的权利转让给银行后,被保险人仍须承担其在保单项下的所有义务。这意味着在向境外买方追偿的过程中,被保险人仍有避免或减少损失的义务,等等。

本书第6章将对ECA保单项下权利的转让进行分析。

3
政治风险和商业风险

出口信用机构(ECA)所承保的风险在ECA标准术语里通常称为政治风险和商业风险。但实际上ECA承保的是政治事件和商业事件所引起的信用款项未支付的风险。

可能导致信用款项未支付的政治事件的典型例子,就是境外买方所在国爆发战争。战争可能会影响境外买方的正常业务,如设施设备被摧毁导致其无法继续生产。境外买方无法生产和销售产品,将会导致其利润受损,最终使其无力向出口商或银行支付信用款项。在上述例子中,ECA承保的实际上是出口商或银行因未收到信用款项所遭受的损失,而非战争爆发本身。

ECA承保的政治事件的发生并不必然导致境外买方未支付信用款项。在发生战争的情况下,境外买方的业务并不是必然会受到战争的影响,也就是说,境外买方有可能可以继续生产和销售产品、接收其客户的付款,并按期支付信用款项。在这种情况下,出口商或银行会按期收到付款,不会遭受任何损失。因此,出口商或银行不能仅以战争爆发为由,向承保相关风险的ECA索赔。换言之，ECA 仅承保境外买方未支付信用款项的风险，而非承保战争这一政治事件所产生的风险，比如在上述战争并未实际上影响境外买方支付信用款项能力的例子中，二者的区别就很明显。当读者在分析政治风险，也就是实际上的政治事件时，必须牢记上述重要的区别。

"商业风险"这一术语也可以用类似的方式来解释。如果境外买方发生无力偿债，这只是一个商业事件，其后果可能还不确定。无力偿债可能只是一个暂时状态，并不影响境外买方支付信用款项的能力。如果境外买方持续处于无力偿债的状态，导致其无法支付信用款项并致使出口商或银行遭受损失，相应损失由ECA 承保。如果境外买方的无力偿债并没有导致出口商或银行遭受损失，则并不在 ECA 的承保范围之内。

尽管 ECA 承保的是政治和商业事件所造成的损失，但其承保政治和商业风险的表述方式仍然被广泛使用。本书中也使用了这种表述，但这种表述应当始终被理解为 ECA 承保的是由政治和商业事件所引起的信用款项未支付所导致的损失（见图 3.1）。

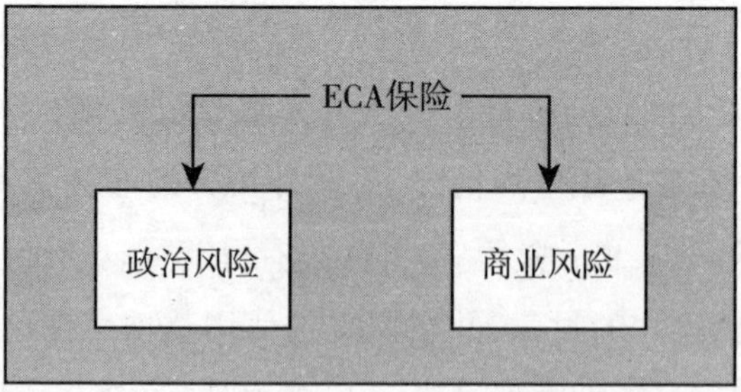

图 3.1　ECA 保险包含的风险

此外，就“政治风险”一词的含义，还须作一点补充说明。本书中，“政治风险”一词仅用于指代本章所述的相关政治事件，而不指代国家或主权实体直接作为境外买方时未支付信用款项的风险。读者应当注意这一情况，并能够区分“政治风险”一词的两种不同含义。

3.1 政治事件和商业事件的发生时间

与普通保险公司一样，ECA 仅承保未来不确定事件所造成的损失。未来事件指被保险人（出口商或银行）与境外买方签订贸易或贷款合同且 ECA 保单签发后所发生的事件。如果损失是 ECA 保单签发以前已经发生的事件所引起的，ECA 是不予承保的。出口商或银行申请 ECA 保险时，应当向 ECA 披露其已知或应知的且在 ECA 保单签发前已经发生的相应事件。

3.2 关于政治风险和商业风险的定义

不同的 ECA 在其使用的标准条款中，对政治风险和商业风险的定义表述有所不同，甚至有些 ECA 尽管承保政治风险和商业风险，却不对其下任何定义。然而，将现有不同定义和 ECA 在实践中适用定义的不同方式加以对比，可以发现，尽管 ECA 各自以不同的措辞来适用定义，但他们所实际承保的政治风险和商业风险几乎是相同的。

不同的 ECA 使用的定义有一个共同特点，即各个定义的措辞均非常笼统,几乎涵盖了国际贸易和贷款交易中所有已知的政治风险和商业风险。这些定义中的笼统措辞使得 ECA 承保的范围非常广泛,这让出口商和银行在应对出口信用风险时更加安全,因此其投保意愿更强。总体来说,由于政治事件在不同国家可能以不同形式发生,政治风险的定义要比商业风险的定义更加广泛。但即便是通常较为简明的关于商业风险的定义,基于一个事件的发生地不同,也可以做出多种不同方式的解释。

由于各个 ECA 采用的对政治风险和商业风险的定义各不相同,因此很难选出某一 ECA 所采用的定义作为示例在本书中加以分析。此外,本书内容并不指向任何特定的 ECA 或国家,而旨在分析全球范围内有关 ECA 保险的共性事项。因此,下文关于政治和商业事件定义的分析,亦不指向某个特定的 ECA,而是依据欧盟于 1998 年 5 月 7 日颁布的《关于协调有关中长期出口信用保险主要条款的第 98/29/EC 号理事会指令》之附件《出口信用保险通则》而作出。尽管《出口信用保险通则》对非欧盟国家的 ECA 不具有约束力,但鉴于非欧盟国家 ECA 所使用的定义与之差异不大,故本书仍选用其定义作为示例。

《出口信用保险通则》定义了 6 类政治风险和 3 类商业风险,以下将逐一进行分析。这些风险在《出口信用保险通则》特定条款中被称为"损失原因"(causes of loss),但基于上文已述之原因,本书仍将其称为"风险"。《出口信用保险通则》所载定义,为欧盟成员国 ECA 起草其标准条款提供了具体的指导。同时,各 ECA 在将上述定义引入其标准条款时,亦无须采用相同的结构或措辞。

3.3 政治事件的定义

根据《出口信用保险通则》,ECA 通常承保以下政治事件:

a. 第三国的决定。

第三国的决定系指阻碍贸易或贷款合同履行的一国的立法、行政或其他决定。这一定义将第三国限定为 ECA 所在国、被保险人出口商或银行所在国(如其与 ECA 所在国不同)之外的国家。

第三国的决定包括境外买方所在国(进口国)的决定,因为此类决定最容易影响到贸易或贷款合同的履行。比如,境外买方所在国禁止进口特定货物,就是此类决定中的一个典型例子(见图 3.2)。该进口禁令的发布时间,应当是在出口商和境外买方订立合同之后。而如果进口禁令是发布在贸易合同订立之前,且是出口商应当知道的,则不能被认定为 ECA 承保的政治事件。

出口信用交易通常涉及出口国和进口国,后者也称为境外买方所在国。在此类交易中,大多数情况下并没有第三国的参与,也就不存在第三国发布决定造成贸易或贷款合同无法履行的可能。但是,当一个合同与第三国有关时,这种情况很有可能发生。例如,在一个供应设备的贸易合同中,出口商需要从第三国采购一些零部件并组装为成品后,才能向境外买方交付。在该笔交易中,出口商如果在向境外买方完成交付后,仍负有继续维护设备的合同义务,而第三国禁止出口维护设备所必需的零部件,则该出口商无法履行该合同义务。出口商不履行设备维护义务会构成贸易合同违约,境外买方将有权中止支付信用款项。在上述事例中,第三国的决定导致合同无法履行,出口商因此遭受未能实现信用债权的损失。如果 ECA 承保了政治风险所导致的信用款项未支付,则出口商有权向 ECA 索赔相应的损失。

上述定义排除了 ECA 所在国和被保险人出口商或银行所在国(如其与 ECA 所在国不同)的决定。由于 ECA 主要向本国的出口商和银行提供 ECA 保险,故 ECA 所在国和被保险人所在国通常是一致的。然而,除 ECA 所在国和境外买方所在国之外,其他国家银行向境外买方提供贷款的情况亦不少见。这种情况下, ECA 可能会为他国银行提供 ECA 保险,而被保险人银行所在国可能会作出决定,导致贷款合同无法履行,但此种情况不包括在上述定义中。

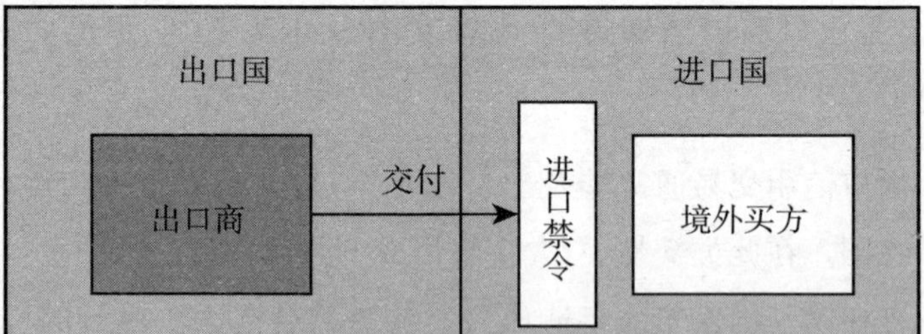

图 3.2　政治事件——进口禁令

b. ECA 所在国或被保险人出口商或银行所在国的决定。

此定义中也包括欧盟对其成员国与第三国之间贸易所采取的措施如出口禁令,且该措施的效力未被相关政府采取的措施所否定。

此定义涵盖了上文所述“第三国的决定”的定义所排除的两种情形,即 ECA 所在国和被保险人出口商或银行所在国(如其与 ECA 所在国不同)的决定,导致贸易合同或贷款合同无法履行。另外,该定义中还涵盖了欧盟对第三国采取的可导致贸易合同或贷款合同无法履行的措施如出口禁令。上述定义中所述的欧盟采取的措施仅对欧盟成员国的 ECA 有效。

许多 ECA 会将该定义的涵盖范围扩展至联合国的决议、其他国际组织作出的决定以及几个国家共同作出的多边决定。该等决定可能会导致贸易合同或贷款合同无法履行,并构成 ECA 所承保的政治风险。该等决定的典型示例,为 ECA 所在国对境外买方所在国实施出口禁令(见图 3.3)或其他贸易制裁措施。

一些 ECA 的承保范围不包括其所在国作出的单方决定,如果这一决定并非基于上述定义中的国际协定。这种情况下,如 ECA 所在国的单方决定导致贸易或贷款合同无法履行,出口商或银行由此遭受的损失并不属于 ECA 的承保范围。

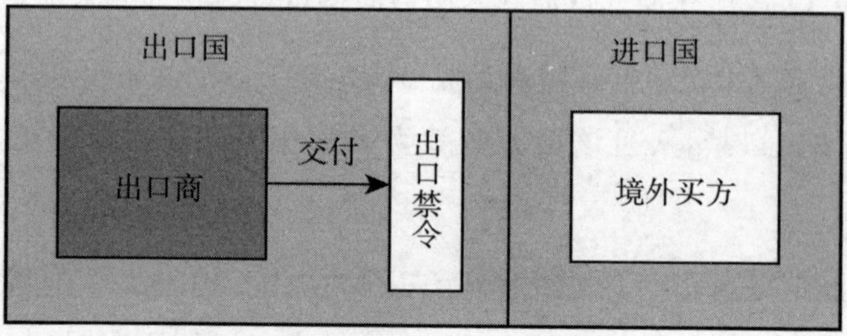

图 3.3　政治事件——出口禁令

c. 延期付款命令。

延期付款命令是指导致境外买方推迟或暂停履行付款义务的决定,因此致使出口商或银行无法实现对境外买方的信用款项请求权。延期付款命令既可能由境外买方所在国颁布,也可能由各方在贸易或贷款合同下同意经第三国转移支付的该第三国颁布。从历史上看,延期付款命令通常是由境外买方所在国的政府颁布,第三国颁布的延期付款命令很少影响到出口信用交易。

d. 资金汇兑的禁止或延迟。

此定义包括发生在 ECA 所在国之外的,导致贸易或贷款合同项下境外买方支付信用款项的资金汇兑的禁止或延迟的立法或行政措施、政治事件或经济困难。这意味着资金汇兑的禁止或延迟可能会发生在境外买方所在国或第三国。

境外买方所在国采取上述措施的原因,通常是该国外汇储备不足,需要将有限的外汇集约使用。此外,境外买方所在国外汇管制政策的修改或其他原因,也可导致境外买方所付款项汇兑出现禁止或延迟。值得注意的是,境外买方所在国的决定所导致的资金汇兑的禁止或延迟,也是出口商和银行寻求 ECA 承保的最重要的政治风险(见图 3.4)。

ECA 所在国或境外买方所在国之外的第三国所作出的决定和采取的措施,也可能导致境外买方所付款项的汇兑出现禁止或延迟。在全球化的背景下,国际结算目前大多通过银行综合支付系统处理,第三国所作决定导致资金汇兑的禁止或延迟的风险不可忽视。第三国为反洗钱、实施制裁或实现其他目的而作出的单方决定,可能会影响前述支付系统的运行。ECA 也意识到,此类事件很可能在第三国发生,ECA 通常也将其纳入承保的汇兑风险的范围之内。

上述定义排除了 ECA 所在国作出的,可能导致境外买方所付款项的汇兑出现禁止或延迟的决定和法律措施,这意味着 ECA 不会赔偿被保险人出口商或银行由此所遭受的损失。这一点非常重要,需要提醒读者牢牢记住。但是,如果 ECA 所在国的上述决定或措施是基于联合国或欧盟的决定抑或其他国际协定而作出的,许多 ECA 仍会承保这种风险。因此,上述对 ECA 所在国所作决定和措施的排除仅适用于 ECA 所在国单方作出的决定和措施。

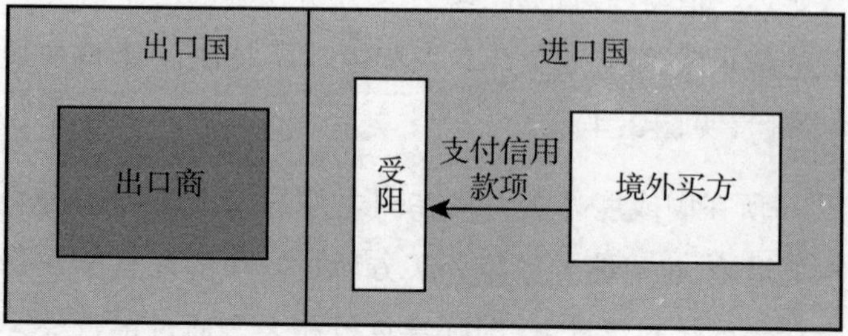

图 3.4　资金汇兑的禁止或延迟

付款地点

分析政治事件时,确定贸易或贷款合同的付款地点非常重要。出口信用交易约定的付款地通常位于被保险人出口商或银行所在国,这意味着一旦被保险人的银行收到付款,境外买方的付款义务即告完成。如在境外买方的银行将付款汇兑到被保险人的银行的过程中,该笔付款的汇兑在中途停止,则境外买方的付款义务未能完成。

ECA 通常按照贸易或贷款合同约定的方式承保与付款汇兑有关的风险。换言之,未能在约定地点收到款项,会被 ECA 认定为被保险人出口商或银行遭受了损失。因此,为了保证此风险被纳入 ECA 承保范围,被保险人出口商或银行有必要在相关贸易或贷款合同中明确,约定的付款地点需在境外买方所在国之外。只要付款地点在境外买方所在国之外,无论该地点是在被保险人所在国还是在第三国,ECA 一般均可承保。

有些贸易或贷款合同会约定付款地点在境外买方所在国。在此类交易中，并不存在境外买方所付款项需要汇兑出境而可能发生禁止或延迟的风险，所以也不属于ECA的承保范围。但是，即使约定的付款地点位于境外买方所在国，某些ECA也会额外承保款项从境外买方所在国汇兑出境而出现禁止或延迟的风险。如需此类附加保险，出口商或银行须在申请ECA保险时专门提出请求。

ECA所承保的贸易或贷款合同可能会约定，境外买方签发单张汇票支付信用款项或签发多张汇票分期支付信用款项。有时，汇票中所记载的付款地点会与贸易或贷款合同约定的付款地点有所不同。这种不同可能会导致在界定是否属于ECA承保范围时引发混乱和分歧，故相关贸易或贷款合同需对此作出明确约定。

e. 境外买方所在国的法律规定。

此定义主要指那些规定境外买方以当地货币支付信用款项即视为完成付款义务的法律法规，而不考虑由于汇率浮动，在该笔付款汇兑当日，将货币兑换为贸易或贷款合同约定的货币时，其实际价值已低于债权金额的情况（见图3.5）。

这种政治事件在实践中并不罕见，遵守上述法律规定会导致出口商或银行遭受损失。该损失是指所收取的当地货币与外国货币的实际价值差额。一些ECA并未在其标准条款中对这种政治事件加以定义，他们可能认为这种政治事件已包含在上文a款有关第三国决定的定义中。

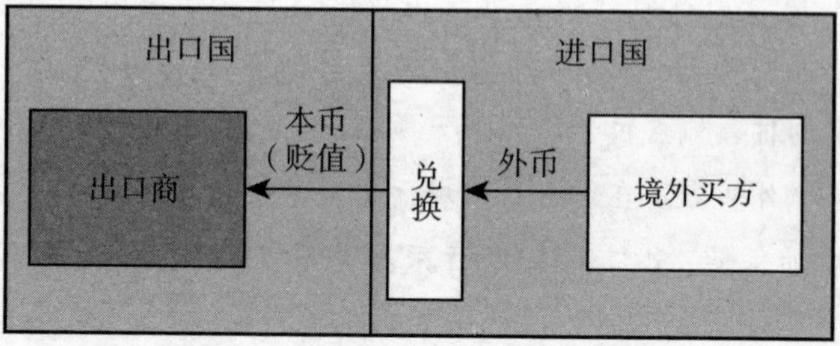

图 3.5　以当地货币兑换和支付

f. 不可抗力。

这一类政治事件主要指发生在 ECA 所在国以外的事件,包括战争、内战、骚乱、内乱、自然灾害(如飓风、洪水、地震、火山爆发、海啸等)和核事故,且这类事件引发的风险没有被其他保险所承保。

在讨论 ECA 的语境下,所有不可抗力事件均被视为政治事件,即便那些如自然灾害和核事故等不具有政治属性的事件,也一并被归纳进来。不可抗力事件不受合同当事人的控制,可能会导致当事人无法履行某些合同义务,同时会引起当事人免于履行这些义务的法律后果。这可能导致被保险人出口商或银行遭受损失,此损失通常在 ECA 的承保范围之内。不同 ECA 使用的不可抗力条款所包含的事件的数量不同,因而可能导致不可抗力的范围存在差异。当某些人未曾预料到的事件发生时,可能会被认为未被涵盖在已有的不可抗力条款的定义范围之内,这给解释不可抗力条款造成了一些困难。发生在 ECA 所在国国内的不可抗力事件有时会被排除在上述不可抗力的定义范围之外。有些 ECA

则不会排除承保这些事件,无论该不可抗力事件发生于何处,都予以承保。

3.4　商业事件的定义

不同的ECA对商业事件使用不同的定义,但这些定义之间的差异并不明显。1998年欧盟《关于协调有关中长期出口信用保险主要条款的第98/29/EC号理事会指令》之附件《出口信用保险通则》对商业事件的定义可用于解释ECA所承保的商业事件。根据《出口信用保险通则》,ECA承保以下商业事件:

a. 私营买方及其保证人(如有)在法律上或事实上的无力偿债。

为理解该定义,还需对"法律上的无力偿债"、"事实上的无力偿债"、"私营买方"和"保证人的无力偿债"这四个词进行简要的解释。

a)无力偿债。

在上述定义中,"无力偿债"一词可解释为境外买方无力偿还到期信用款项。这种解释是"无力偿债"一词的一般性定义,但某些国家的国内法可能还对"无力偿债"一词作出了不同的定义。例如,一种定义为境外买方无力偿还到期债务,并且这种无力偿还债务的状态是非暂时性的。这种定义不如第一种定义严苛,因为它可使境外买方在被认定为无力偿债前,有一段时间去解决暂时性的资金短缺问题。还有一些国家的法律会针对境外买方未付的到期债务金额来设定一个最低参考值，当超过这一参考值后才视为无力偿债。基于对“无力偿债”的不同定义，各国国内法在这一点上会被分为“债权人友好型”或“债务人友好型”。

在讨论ECA保险的语境下，“法律上的无力偿债”是指，根据有关法律规定，境外买方已经具备了构成无力偿债的所有法定要件。而相反，“事实上的无力偿债”是指境外买方无力向任一主张付款的债权人偿还债务。事实上的无力偿债通常表现为境外买方未能如期偿还债务，但境外买方可能会在债务到期前承认或宣告其无力如期偿还债务。事实上的无力偿债可能仅是暂时性的，如境外买方能够进行重整并恢复履行债务。然而，很多情况下，这种暂时性的无力偿债会导致破产或引发境外买方申请其他的司法破产程序，以寻求对抗债权人的司法保护。

b)私营买方。

上述有关“无力偿债”的定义仅适用于私营境外买方。在讨论ECA保险的语境下，私营境外买方一般均是法人，通常以公司的形式设立。个人很少参与出口信用交易，但如果有，个人也将会被视为私营买方。

在解释“私营买方”一词时，有必要提及两种关于境外买方的类型：主权买方和公共买方。主权买方是指通过出口信用交易采购货物或服务的国家或国家机构，如政府、政府部门或其他权力机构。主权买方与公共买方、私营买方的区别在于，主权买方无法破产清算。因此这类境外买方不包括在上述定义之内。公共买方是指全部或主要被国家、政府所有或控制的公司。公共买方与主权买方的区别在于,公共买方的行为对其所在国不具有约束力,且公共买方可以破产清算。最后,私营买方是既非主权买方又非公共买方的境外买方。有关这三种境外买方的分析请参见本书第20章。

c)保证人的无力偿债。

上述定义将保证人的无力偿债列为与境外买方无力偿债有关的额外的商业风险。在买方的付款义务有保证担保的情况下,保证人出现无力偿债是一个重要的问题。在ECA承保的交易中,为境外买方提供保证的第三方往往是其母公司。第三方为境外买方提供保证,会对ECA评估信用风险起到积极作用,并可增强ECA承保交易的意愿。

在有第三方提供保证且境外买方未依约支付信用款项的情况下,被保险人出口商或银行有义务向保证人主张付款,这是其向ECA索赔的必要条件之一。如保证人未在保函约定的期限内付款,被保险人出口商或银行才有权向ECA索赔。如保证人依照保函付款,则境外买方的义务履行完毕,同时债权也支付完成,ECA将不会理赔。

实践中,经常会出现境外买方和保证人同时无力偿债,特别是由母公司向境外买方提供保证的情况下。子公司的经济困难往往会影响到其母公司,反之亦然。如母公司无力偿债,则母公司为子公司的付款义务所提供的保证就变得毫无价值。

一些ECA未将保证人的无力偿债包含在境外买方无力偿债的标准定义中,这是因为他们将之列入了其他条款,即被保险人出口商或银行必须按照要求先向保证人主张付款,然后才可以向 ECA 索赔。被保险人在向 ECA 索赔前必须满足这一要求,已经隐含了保证人无力偿债这一情形。

在信用款项到期前,境外买方和保证人可能均发生无力偿债。这种情况下,保证人已被宣告破产的,向保证人主张付款的意义不大,因而向 ECA 索赔前需向保证人主张付款的程序可以简化省略。

b. 境外买方及保证人(如有)的违约。

境外买方违约可能以两种形式出现——违反付款义务和违反非付款义务,其中非付款义务在贷款合同下较为常见,而在贸易合同中较为少见。违反付款义务是指境外买方未按照贸易或贷款合同约定支付到期信用款项。境外买方违反付款义务通常是财务困难所致,但也可能是失误或其他原因导致的。

违反其他合同义务也会造成违约。例如,违反贷款合同项下的约定事项条款。在贷款合同中,约定事项是有别于境外买方还款义务的其他义务。有些约定事项可能会约定,境外买方在业务经营中有义务维持一定的财务比率,此为财务性约定事项。其他类型的约定事项还包括限制境外买方处置财产、消极保证条款和比例平等条款等。境外买方在违反付款义务前,可能会违反约定事项义务,这往往可以看作是境外买方业务状况转差的一种预警。这也会增加境外买方违反还贷义务的风险。由于此类违约的严重性,贷款合同通常约定违反约定事项视为与违反付款义务相同。境外买方如果违反约定事项,将使得银行有权采取与违反付款义务完全相同的合同约定的救济措施。

无力偿债与付款违约之间的区别

上述关于无力偿债与付款违约的分析引出了一个问题,这两种商业风险的区别是什么?二者十分相似,甚至有时候在日常用语中是同义词。

无力偿债与付款违约之间最重要的区别是它们不一定同时发生。境外买方很可能在债务到期前宣告无力偿债并暂停履行债务。这意味着境外买方已经无力偿债但付款违约尚未发生。当境外买方宣告暂停履行债务时,这对被保险人和ECA双方来说都是一个信号,提示他们需尽快采取措施以保护被保险人对境外买方的索赔。在被保险人出口商或银行的信用款项到期前,很有可能会发生针对境外买方的破产申请。当一个破产程序启动以后,除非被保险人出口商或银行的债权存在某种形式的担保,否则其很难采取有效措施以保护债权。

与上述情况相反,境外买方可能在付款违约时并未无力偿债。这种情况相对较为常见,可能是多种原因所致。例如,境外买方的收入主要是当地货币,但需以他国货币支付信用款项。获取用于支付信用款项的他国货币可能需要一定时间,这可能导致其迟延支付信用款项。毫无疑问,根据ECA承保的贸易或贷款合同,这种迟延导致境外买方构成了付款违约,但境外买方并未发生无力偿债。现实中,鉴于这种违约并非因境外买方无力偿债所致,出口商和银行一般会接受上述情况所导致的短期付款迟延。

c. 任意拒绝履行或拒绝收货。

这是指境外买方无正当理由中止或拒绝履行赊销合同或拒绝接收货物或服务。

“拒绝履行”,又称预期违约,来源于英国法,适用于合同无过错方从合同相对方的言论或行为中认定合同相对方不打算履行其合同义务的情形。其必须发生在合同相对方的合同义务履行期限届满之前,无过错方有权认定合同已被解除并向相对方索赔损失。无过错方的这种行为被称为拒绝履行,在上述情况下这种行为是正当的,无过错方不因拒绝履行合同承担不利后果。

拒绝履行的问题,在于有时这种行为可能是非正当的。例如,境外买方错误地认为出口商不打算履行其合同义务,并基于这种错误认识而拒绝履行合同,就会产生不正当或任意的拒绝履行。任意拒绝履行是一种错误的行为,因为境外买方虽然将自己视为无过错方,但实际上他并没有正当理由来拒绝履行合同。

上述定义仅适用于境外买方任意拒绝履行贸易合同的情况。当境外买方有权拒绝履行合同时,这种拒绝履行是正当的,不包括在上述定义中,并且也不在 ECA 的承保范围之内。

对 ECA 而言,其往往很难判断境外买方拒绝履行合同的行为是不是任意的,或者说是错误的。如境外买方的拒绝履行不具有明显过错,ECA 会指示被保险人出口商取得法院判决或仲裁裁决,以证明其有权要求境外买方支付信用款项。ECA 无法裁判被保险人出口商与境外买方之间的贸易纠纷,因此,这是确定被保险人出口商是否有权向 ECA 申请赔付的唯一方法。本书第 19 章就这一问题进一步展开分析。

上述定义所包含的另一类事件是境外买方无正当理由拒绝接收货物或服务(以下简称拒绝收货)。拒绝收货与任意拒绝履行不同,拒绝收货发生的时间晚于任意拒绝履行。一般认为,只有在货物或服务已经具备交付条件,且出口商试图将货物或服务交付给境外买方时,拒绝接收货物或服务的事件才可能发生。

境外买方可能基于很多非正当理由拒绝接收货物或服务,有些是故意的,有些则不是故意的。举一个故意拒绝接收货物的例子,比如境外买方以转售货物为目的与出口商订立货物买卖合同,而货物的市场价格在交付给境外买方前大幅下跌,境外买方会因为以更低价格转售货物而遭受损失。此时,虽然境外买方无正当理由,但他仍可能试图通过拒收货物来摆脱这种困境。

再举一个境外买方非故意地拒绝接收货物的例子,比如境外买方错误地认为货物不符合贸易合同约定,如其后来发现货物符合贸易合同,则境外买方拒绝接收货物构成违约。以上仅仅是有关境外买方拒绝接收货物或服务的两个例子,实践中可能会有更多其他的情况发生。

即使在上述例子中,ECA 也很难确定境外买方是否有权拒绝接收货物。如果境外买方拒绝接收货物的行为不具有明显过错,ECA 可能会指示被保险人出口商取得法院判决或仲裁裁决,以证明其有权要求境外买方支付信用款项。ECA 无法裁判被保险人出口商与境外买方之间的贸易纠纷,因此,这是确定被保险人出口商是否有权向ECA申请赔付的唯一方法。

3.5 文件风险的免责

有些ECA会在其标准条款中声明，其承保范围不包含与其所承保的贸易或贷款合同相关的文件风险。这种风险通常可描述为出口商或银行与境外买方订立的贸易或贷款合同被认定为无效、违法或不可执行的风险。

有些不承保文件风险的ECA，不会去审查他们所承保的贸易和贷款合同，而有些ECA会这样做。在要求被保险人出口商或银行提供贸易或贷款合同中特定合同条款的有关信息时，一些ECA不会对这些条款的措辞加以评判。尽管有些ECA会要求被保险人出口商或银行，以特定结构方式拟定贸易或贷款合同，或在合同中包含某些特定条款，但他们通常不会代为起草或建议这些合同条款的具体措辞。ECA以上述方式处理贸易或贷款合同，意在避免承担合同文件责任。

有些ECA在承保时排除承担合同文件责任，这一点不难理解。这些ECA会处理大量不同的国际贸易和贷款合同，这些合同适用不同国家的法律，ECA很难对贸易和贷款合同涉及的每个国家的法律均有所了解，以便仔细地审查贸易和贷款合同的条款。相反，在ECA承保时排除承担合同文件责任的做法更具有可操作性，也更节省时间。

3.6 文件风险与法律风险的区别

合同文件责任有时会被称为法律风险责任，但在讨论 ECA 保险的语境下，应当谨慎使用“法律风险”一词，因为不同主体对“法律风险”一词的理解不尽相同。

在讨论 ECA 保险的语境下，“法律风险”一词不应当与境外买方所在国或第三国作出的，导致贸易或贷款合同无法履行或导致境外买方所付款项无法汇兑的措施或决定相混淆。上述措施或决定均构成政治事件，它们通常以制订新的法律或次级法律的方式作出。第三国颁布新法应当是一种法律风险，但 ECA 将这类事件归类为包含在其承保范围之内的政治风险。在讨论 ECA 保险的语境下，“政治风险”一词具有非常广泛的含义，本节内容使用“一些 ECA 承保时排除承担合同文件责任”的表述更为准确，而应当避免使用“法律风险”一词。

3.7 风险评估程序

由于 ECA 承保政治风险和商业风险，他们必须在签发 ECA 保单前评估这些风险。评估政治风险和商业风险并非 ECA 所独有的需求，许多其他国际金融和贸易交易的参与者都会进行类似的评估和预测。因此，下文将简述 ECA 进行此类评估的流程，而非评估政治风险和商业风险的具体方法。

3.8 政治风险的评估

在评估单个出口信用交易所涉及的政治风险时,ECA 会分析未来的政治发展形势是否会对境外买方支付信用款项的能力产生负面影响。评估的第一步,是参考 ECA 所在国针对境外买方所在国的国别信用政策。ECA 会研究世界上大多数国家的政治风险,并制定和定期更新国别信用政策。根据现行有效的国别信用政策的内容,ECA 可决定是否对特定信用风险进行承保。许多 ECA 会将其国别信用政策发布到他们的网站上,以供 ECA 保险的潜在申请人查阅。有时,潜在境外买方所在国政治局势可能会突然和意外地恶化,但 ECA 尚未更新该国的国别信用政策。这种情况下,ECA 将不会参考已经过时的国别信用政策,而可能会等待该国政治局势进一步明朗后,再决定是否承保或直接拒绝承保。

评估政治风险和制定国别信用政策时,需要对多个因素加以分析,如境外买方所在国货币是否可自由兑换为外币并汇出、影响该国进口政策的政治决定、战争风险、暴动或骚乱、国际或双边的贸易禁令、对该国实施的制裁措施,等等。一份 ECA 国别信用政策会体现出制定该政策的 ECA 对特定国家的看法,该政策可能与其他 ECA 制定的针对同一国家的国别信用政策不同。不同 ECA 的国别信用政策会有所差异,这是不同 ECA 在评估时分析的因素不同,或对相同因素的分析方式不同所导致的。

ECA 国别信用政策可能与本书第 13 章介绍的用于计算最低

保险费率的经济合作与发展组织(OECD)国家分类不同。然而，ECA 针对一个国家风险所作出的不同评估结果，并不影响依据 OECD《安排》来计算 ECA 保险的最低保险费计算方法。在实践中，这意味着 ECA 所收取的保险费不能低于《安排》所确定的最低保险费率。另一方面，ECA 可以将外国国家分类为更高的风险等级，并高于最低保险费率标准来计收保险费。

ECA 对政治风险的评估与具体某个国家和某个出口信用交易有关，它不可与本章分析的 ECA 所承保的政治事件混为一谈。可能导致境外买方未支付信用款项的政治事件，只能发生在 ECA 保单签发以后。与之相反，对某一出口信用风险进行政治风险评估，是 ECA 会在签发 ECA 保单前做出的。ECA 保单一经签发，ECA 即受保单约束，且无法再对义务性条款进行修改。

3.9 商业风险的评估

评估商业风险时，ECA 会对境外买方因无力偿债或破产而未支付信用款项的可能性进行分析。为了进行该项评估，ECA 需要有关境外买方公司的详细信息，如其财务状况和经营业务。该等信息包括公司注册信息、年度总营业额、用于支付当前和未来债务的资金来源、管理信息、员工人数，等等。商业风险评估所需考虑的另一个因素是境外买方的偿债意愿，也称公司的信用记录。

为了评估商业风险，ECA 需要从独立的信用信息供应商处购买关于境外买方的信用报告。购买信用报告的成本通常由申请

ECA保险的出口商或银行承担。在出口信用交易进行分析和谈判的过程中,出口商和银行获取的境外买方相关信息,也会被ECA用于评估商业风险。有关境外买方相关信息的其他来源还包括ECA可获取的行业分析报告。

出口商或银行与境外买方的历史交易记录,在ECA评估商业风险时会起到十分重要的作用。如果记录良好,可能会对ECA决定承保信用风险产生积极影响。ECA之前如果对同一境外买方承保过信用风险,这也会对其评估商业风险起到重要作用。当境外买方可以证明其有偿还债务的能力时,ECA可能会应出口商或银行的要求,对同一境外买方扩大信用风险的承保范围。相反,如果境外买方在其先前的信用交易中有不良记录,这将会是一个明显的警示信号。在此情况下,ECA可能会要求境外买方为信用款项提供担保、增加保险费、降低承保比例或直接拒绝承保该境外买方的信用风险。

ECA还会考虑境外买方的从业时间。如果境外买方从业时间长、业务从未中断,且未出现过财务困难,ECA承保该境外买方信用风险的可能性就更高。如果境外买方是新成立的公司,或其从业时间短,则ECA在评估商业风险时会更加谨慎。如果一家公司无法为ECA提供可靠的记录用以评估商业风险,ECA可能会决定不予承保该公司的信用风险。

除此之外,ECA还会分析境外买方的运营资本是否足以清偿到期债务;如果不够充分,ECA将因风险过高而无法承保。当然,该规则也可能会有例外,比如该境外买方能够从其股东或其他投资者处获得额外资金。然而,即使境外买方得到此类提供资金的承诺,ECA 仍需进一步核实该承诺是否以具有法律约束力和可被强制执行的方式做出,还是以其他没有法律约束力的方式做出。评估商业风险时需分析的其他因素还包括:境外买方的盈利能力和净资产、市场上境外买方的竞争对手的地位和市场竞争力,以及境外买方母公司对其提供财务支持的意愿等。

短期交易的商业风险评估比起中长期交易来说较为简单。当某一出口商拥有数量庞大的客户群体,并且得到了 ECA 为其签发的供应商框架式信用保单,经 ECA 授权后,该出口商可以使用 ECA 认可的评估方式,自行对商业风险进行评估。本书第 4 章将分析框架式 ECA 保险。

第二部分

出口信用保险的类别

4 短期、中长期和部分保险

出口信用机构(ECA)以多种方式对出口信用风险进行分类,ECA 所使用的专业术语包括政治风险和商业风险、短期风险、中长期风险、项目风险、国别风险、主权风险、汇兑风险、货币风险、制造风险等。其中有些术语为大众用语,但有些术语在讨论 ECA 保险的语境下可能会有特殊含义,需要进一步解释。

4.1 风险的基本分类

出口信用风险的基本分类是基于信用的期限作出的。根据此分类方法,主要有两种信用风险:短期风险和中长期风险。还有一种风险叫作项目融资风险,有时会被当作上述分类标准下的第三种风险,但实际上这种风险是中长期风险的一种子类别,而不是一种单独的风险类别。区分短期风险、中长期风险和项目风险,对于出口信用风险的国际法律框架的适用格外重要。另外,不同类别风险的评估方式不同,且 ECA 对不同类别风险的承保申请的处理方式也不同。最后,不同类别风险的保单会包含不同的标准条款和特别条款，被保险人出口商或银行在不同风险类别的保单项下的义务也有所不同。

根据经济合作与发展组织（OECD）《官方支持出口信贷的安排》，短期信用期限应小于两年，而中长期信用期限是两年及以上。在一般的国际贸易中，与 ECA 保险行业的分类不同，赊销货物或服务的信用期限小于一年的被归类为短期信用，信用期限长于一年的全被归类为中长期信用，对中期信用和长期信用通常不作严格区分。

ECA 可能会既为短期信用交易提供承保，也为中长期信用交易提供承保。而欧盟成员国的 ECA 承保短期信用风险会受到限制，原因见下文及本书第 21 章。

4.2 短期信用交易的特征

出口信用交易与货到付款交易一样，都是国际贸易中使用的主要方式，而短期信用交易是出口信用交易中最主要的一种类型。短期出口信用保险也是 ECA 所提供保险的主要类型。

一般来说，贸易中的货物或服务的类型、进口国的特征、境外买方的特征及出口商的公司规模是决定是否采用短期信用这种付款方式的重要因素。例如，原材料、机器零件、消费品、半成品、工具以及其他类似货物的贸易通常采用 180 天的信用期限。即使采购这些货物的境外买方为分销商，付款方式一般也采取 180 天或更短的短期信用期限。进口国的特征也会影响短期出口信用的期限,发展中国家的境外买方在上限为两年的范围内,一般会被允许采用较长期限的信用付款方式。而工业化国家的境外买方在同样的上限范围内,一般接受较短的出口信用期限。境外买方的现金流状况和出口商的公司规模,也是影响短期出口信用期限的重要因素。在短期信用期限的两年上限内,中小规模出口商可接受的出口信用期限通常较短,而规模较大的出口商可接受的出口信用期限较长。

只要其他承保条件得以满足,ECA 可以为期限少于两年的所有短期出口信用提供 ECA 保险。然而,欧盟成员国因以下所述原因,被限制承保短期信用风险。

4.3 短期保险的特征

短期 ECA 保险与中长期 ECA 保险在以下几个方面有所不同。首先,ECA 对短期保险申请的处理方式不同。相比于中长期 ECA 保险,短期信用交易每一单的合同价值更低,且短期 ECA 保险的申请量更大,所以 ECA 处理短期 ECA 保险申请的程序更加简便。

为简化对短期 ECA 保险申请的处理工作,ECA 可能会提供一种框架性保险,这种保险可针对单一出口商所有短期出口信用交易中的风险全部提供承保。这种保险一般被称为统保保险,但 ECA 也会提供其他类型的框架性保险。例如,一份 ECA 框架性保险的承保范围,可能涵盖单一出口商与某一境外买方间的所有交易,也可能涵盖单一出口商与某一进口国所有境外买方间的所有交易。ECA框架性保险主要适用于出口商,但也可适用于银行。每份框架性ECA保险均会为被保险人出口商或银行设定最高承保金额,未经ECA事先同意,该最高承保金额不得突破。框架性ECA保险有时也被称作综合信用保险(见图4.1)。

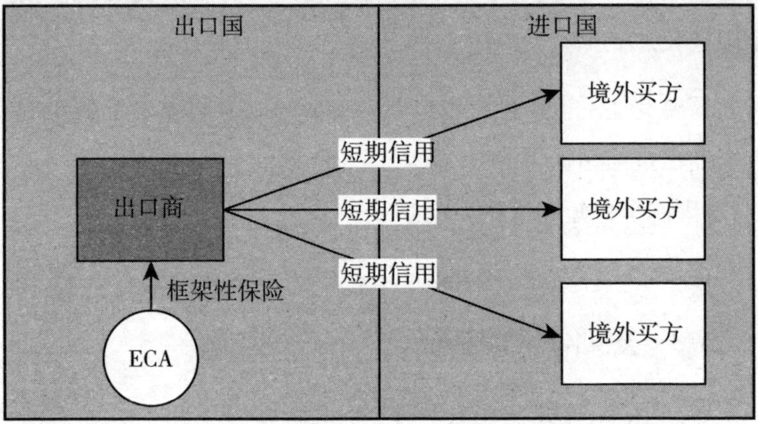

图4.1 承保若干短期信用风险的ECA框架性保险

通过提供框架性保单承保大量短期信用风险,ECA节省了逐一审查短期交易的时间,并减少了行政成本。上述框架性保单项下的出口商,有义务向ECA提交关于承保交易的定期报告,包括ECA已赔付交易项下的回款情况,以及提供ECA所需的其他信息。

提供框架性保单不是ECA承保短期出口信用风险的唯一方式。很多出口商和银行要求ECA承保单一短期信用风险,故ECA也会逐一承保大量的短期信用交易。

短期 ECA 保险与中长期 ECA 保险的区别,还在于保险费计算方式的不同。总体来说,与贸易合同或贷款合同的合同价值相比,短期 ECA 保险的保险费率相对较低。与中长期 ECA 保险的保险费率不同,并没有相关国际性规定对短期 ECA 保险的保险费率加以规范。

短期与中长期 ECA 保险的另一点区别,是对于出口货物或服务所包含的境外因素的处理方式不同。境外因素是指因从其他国家生产、组装或供应而使出口货物或服务增加的价值。大多数 ECA 在为中长期交易提供 ECA 保险时会严格限制出口货物或服务所包含的境外因素的比例,但在为短期交易提供 ECA 保险时,ECA 可能会灵活处理。一些 ECA 可能会对含有高比例境外因素的出口货物,甚至对一些完全在出口国境外生产的出口货物提供短期承保。

短期 ECA 保险的主要用户是出口商,申请短期 ECA 保险的银行相对较少。因此,短期 ECA 保险通常是卖方信用保险。供应商是向境外买方赊销货物或服务的出口商的别称。但是,如果 ECA 承保的短期交易项下的出口商需要向银行融资,该出口商可能会将其信用债权折价转让给银行,并将其在 ECA 保单项下的权利一并转让给银行。在 ECA 已知并同意出口商将其在保单项下的权利转让给银行的情况下,如境外买方不依约支付信用款项,银行将有权向 ECA 索赔。有关上述事项以及其他相关事项的分析请参见本书第 6 章。

短期 ECA 保险通常可以承保政治风险和商业风险,但一些出口商基于境外买方所在国的状况，以及境外买方将付款汇兑出境时可能出现的困难，其可能只对政治风险的承保感兴趣。短期与中长期 ECA 保险的承保比例通常是相同的。

4.4 短期 ECA 保险与国际规范

根据 OECD《安排》规定的标准，期限在两年以下的信用被归类为短期信用。然而，《安排》不适用于短期信用，其针对中长期交易的 ECA 保险要求也不能用于约束短期信用交易。

另外，欧盟成员国的 ECA 被限制承保短期信用风险。由于欧盟的限制，如果境外买方来自欧盟成员国或特定的几个 OECD 成员国，欧盟成员国的 ECA 不可为信用期限少于两年的出口信用交易提供 ECA 保险（见图 4.2），特定的 OECD 成员国包括澳大利亚、加拿大、日本、新西兰、挪威、瑞士及美国。欧盟的上述限制对非欧盟国家的 ECA 没有约束力（见图 4.3）。

欧盟限制 ECA 承保短期信用风险，原因在于欧盟认为此类风险属于可市场化的风险，私营保险公司已经有足够能力去承保此类风险，而无须官方支持的 ECA 参与。这是在欧盟内部实施的一般规则，但当私营保险公司缺乏承保短期出口信用风险的能力时，也允许有一些例外情况。

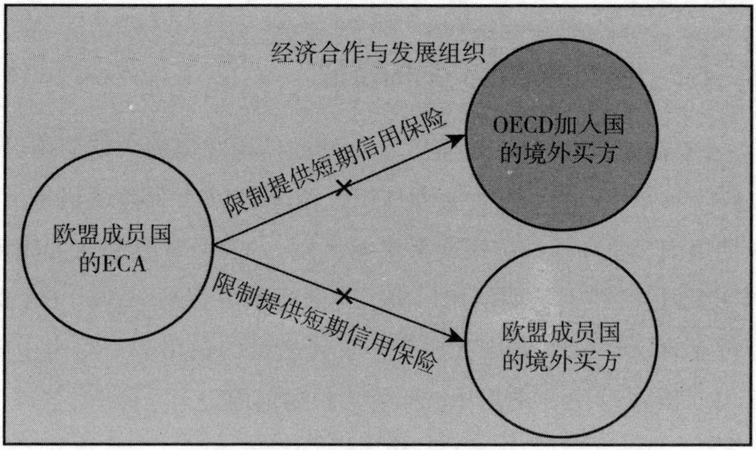

图 4.2 限制欧盟成员国的 ECA 提供短期信用保险

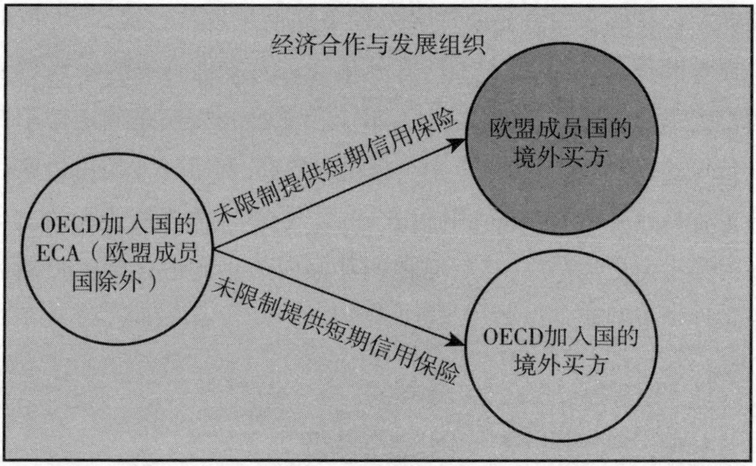

图 4.3 非欧盟的 OECD 加入国的 ECA 有权提供短期信用保险

4.5 中长期信用交易的特征

《安排》将期限在两年至五年之间的信用归类为中期信用，期限长于五年的信用归类为长期信用。在讨论 ECA 保险的语境下，中期信用交易和长期信用交易没有区别，二者通常会被认为属于同一组风险，即中长期信用风险。在普通国际贸易中，与 ECA 保险行业的分类不同，期限在一年至五年之间的信用被归类为中期信用，期限长于五年的信用被归类为长期信用。

中长期信用交易模式的适用，与特定的货物或服务、特定的境外买方和出口商的规模这几个因素相关。例如，工业车辆或其他类固定设备的采购贸易通常会采取中期信用付款方式，高价值的机器和设备、成套设备和工厂等其他类的资本性货物的采购贸易通常会采取长期信用付款方式。出口商的公司规模是确定信用期限长短的重要因素，相较于中小规模出口商，规模较大的出口商往往更容易接受中长期信用的付款方式。这是因为规模较大的出口商财务实力更加雄厚，且有时他们更倾向于生产适合以中长期信用条件销售的固定设备。

4.6 中长期 ECA 保险的特征

中长期 ECA 保险与短期 ECA 保险在以下几个方面有所不同。第一个区别是，ECA 会逐一审查大多数的中长期信用申请。因此，ECA 承保中长期信用风险时，会针对每一个交易签发单独的ECA保单。

中长期信用风险的另一个特征是，私营保险公司对承保此类风险的兴趣不大。私营保险公司签发的保单期限几乎都限于一年以内，这是基于保险行业的一个传统理念，即承保风险的期限不可长于一年。这便是私营保险公司乐意承保短期信用风险，但一般不愿承保中长期信用风险的原因。

在处理有关中长期信用风险的承保申请的过程中，ECA的工作量非常大，达成一份保单需要几个月到半年的时间。这是多个因素共同导致的，包括贸易或贷款交易下各方之间复杂的谈判过程、全面而耗时的政治与商业风险评估、银行参与的交易结构以及ECA内部决策程序等。

中长期ECA保险还有一个特征，即银行在ECA承保的中长期信用交易中扮演着重要角色。这些交易通常设计为买方信用交易，其交易结构为银行向境外买方提供贷款，用于其从出口商处采购货物或服务。在这类交易中，出口商采取货到付款的支付方式，其并不承担信用风险，买方不偿还贷款的信用风险由银行承担。本书会在第8章中详细分析针对买方信用交易的ECA保险。无论贷款银行来自出口国还是第三国，买方信用交易中的信用风险均可由出口国的ECA承保(见图4.4)。

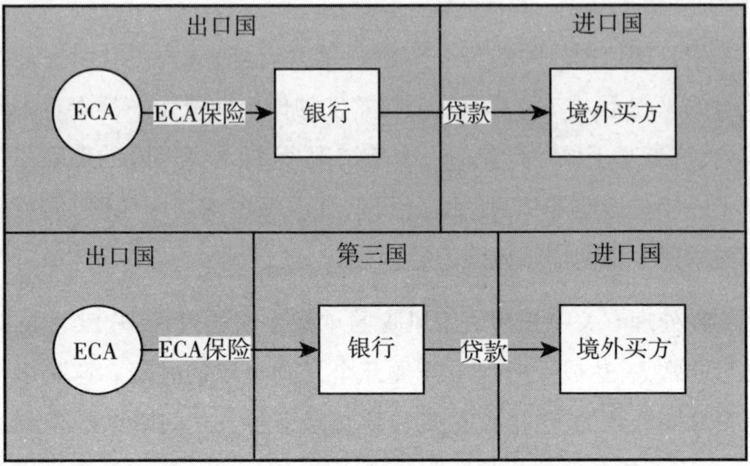

图 4.4　买方信用交易中的银行所属国家

银行还会以另一种方式参与中长期出口信用交易。在出口商获得 ECA 承保其中长期出口信用交易的保单后,出口商可能会向银行折价出售其信用债权。在购买这种权利时,银行会要求出口商把其在 ECA 保单项下的相关权利一并转让给银行。只要受让银行可以作为 ECA 保单项下的适格受益人,ECA 在得知转让需求后一般会同意此类转让。ECA 保险项下的相关权利转让给银行后,银行会成为 ECA 保单项下的受益人,如果境外买方不依约支付信用款项,银行将有权向 ECA 索赔。此外,很多 ECA 会要求,即使在 ECA 保单项下权利转让给银行后,出口商仍保有被保险人身份并应当履行 ECA 保单项下的相应义务。本书将在第 6 章分析有关 ECA 保单项下权利的转让。

4.7 中长期 ECA 保险与国际规范

《安排》是约束中长期 ECA 保险的国际规范。《安排》适用于能代表全球一大部分出口商的国家的 ECA，能够影响到无数的寻求 ECA 承保其出口信用交易的出口商和银行。《安排》同样会影响从 OECD 加入国采购货物或服务的境外买方，因为无论境外买方来自全球哪个国家，OECD 加入国的 ECA 承保的所有出口交易都需要遵守《安排》。OECD《安排》规定了最低保险费率、最长还款期限、信用起始日境外买方所需支付资金的最低限额以及 ECA 承保的贸易或贷款合同中的其他几项条款。

《安排》的基本规定会在本书不同章节分别加以分析，但此处会简要概述几点。关于中长期信用交易下的合同价款支付方式的基本要求，是在信用起始日，境外买方必须支付数额不少于出口合同价值 15% 的预付款。预付款是合同总价款的一部分，由境外买方预先支付给出口商，用以担保境外买方履行合同义务。在信用起始日后，境外买方应以等额分期付款的方式定期向出口商支付款项，相邻两笔分期款项的间隔时间不得超过六个月。合同利息按照每笔还款时的未还款金额计算。首期还款时间不得晚于信用起始日后六个月。最长还款期限根据 OECD 对境外买方所在国的分类，为五年至十年。当地成本不得超过出口合同价值的 30%（见图 4.5）。本书第 21 章会详细分析这些规定。

- 15%的预付款
- 最长还款期限为五年至十年
- 以等额分期付款的方式还款
  相邻两笔分期款项付款期限间隔不得超过六个月
- 当地成本不得超过出口合同价值的30%

图 4.5 《安排》对中长期交易的要求

4.8 项目融资交易的特征

项目融资交易的期限通常长于五年,因此其被归类为长期交易。但是项目融资交易与其他的中长期交易在以下几个方面有所不同。项目融资交易最重要的特征,为境外买方是为该笔交易而特别成立的项目公司,该公司在交易之前并不存在。因此 ECA 对项目公司所采取的风险评估主要是基于公司未来经营项目的现金流。这一评估方法,与 ECA 针对那些在与出口商或银行进行出口信用交易前已经开展了数年业务的境外买方所采用的评估方法相比,是完全不同的。针对后者,ECA 可以通过审查境外买方先前的业务活动和公司的财务业绩,来评估境外买方偿付信用款项的能力。这与项目公司的情况不同,对项目公司未来现金流量和其支付债务能力的评估只能依靠预测。

项目融资交易通常涉及几个投资人,也称为发起人,以及几个向项目公司提供贷款的银行。发起人不负责向银行还款,项目公司将以未来的现金流向银行还款。项目公司通常会以其购买的资产为贷款提供担保(见图 4.6)。

大多数项目融资交易都属于长期信用交易，信用期限超过五年。如油田和天然气田、矿山、发电站、管道、桥梁、高速公路和公用设施等领域的基础设施项目和工业项目融资时，通常会采用上述项目融资模式。

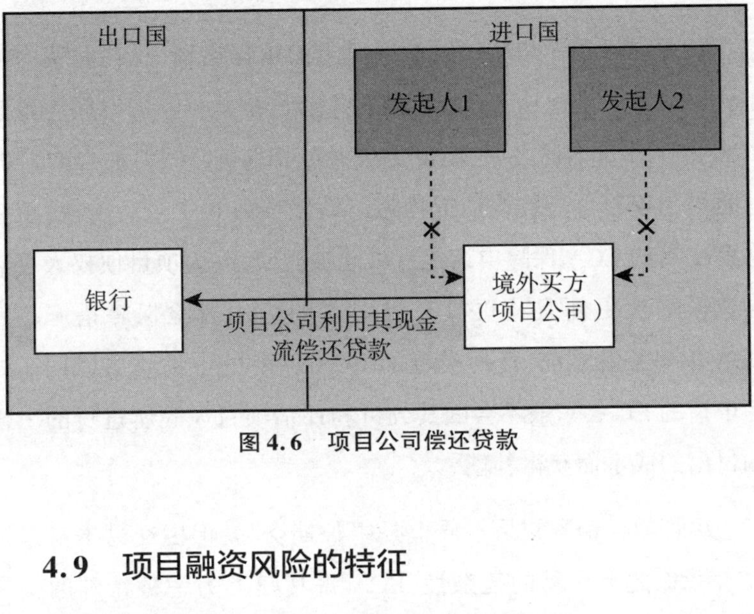

图 4.6 项目公司偿还贷款

4.9 项目融资风险的特征

项目融资通常比其他形式的融资更加复杂，这是因为进行项目融资时，必须考虑和评估与项目相关的几种风险。这些风险包括项目被取消或无法完成的风险、经营风险、价格风险和政治风险。在分析是否对项目公司不偿还贷款的风险进行承保时，ECA必须评估上述所有风险。

参与项目的各方可能会要求 ECA 提供多种类型的 ECA 保险。例如，固定设备制造商可能会申请 ECA 承保其在生产阶段项目被取消的风险。大多数 ECA 都可将此类风险认定为单独的一种承保类别,即生产损失,本书第 9 章将对此进行分析。又如,参与项目的银行,可能会就其向项目公司提供的用于购买固定设备的贷款存在的不偿付风险,向 ECA 申请承保。ECA 通常会向银行提供长期 ECA 保险,且 ECA 承保的贷款金额一般都非常大。

处理项目融资交易所涉信用风险的承保申请,是耗时费力的工作。处理一个申请,ECA 就需要几个月甚至一年的时间。虽然 ECA 的工作量如此之大,但也无法保证相应 ECA 保险一定成功,这是因为项目可能被取消或推迟。即使项目到了最后阶段,项目融资交易的 ECA 保险申请也有可能被撤回,因为项目债权人可能会选择其他更便宜或更具有吸引力的信用风险保障措施。在 ECA 保单签发之前,任何类型的 ECA 保险的申请均可撤回。处理申请的 ECA,一般不会因其分析和评估项目风险所进行的工作和付出的成本而获得补偿。

尽管项目融资交易本质上是中长期交易,但因交易本身以及 ECA 承保此类交易的复杂性,ECA 将其归类为一种特殊的交易类型。

4.10 项目融资风险承保与国际规范

ECA 承保项目融资风险,在国际上受到《安排》的规范。关于此类交易的基本要求,是最长还款期限为十四年。项目融资交易的最长还款期限比中长期交易的最长还款期限更长。《安排》还规定,项目公司可以以非等额分期还款的方式偿还贷款本金,而且贷款本息的两笔分期款项的付款期限间隔可以超过半年。此外,《安排》中还有关于 ECA 承保项目融资的其他详细规定,但本书不对该等规定加以分析。

《安排》条款中使用的关于项目融资交易的术语与本书中使用的术语略有不同。其使用"经济单位"(economic unit)一词来指代境外买方,而非"项目公司"一词。"经济单位"的现金流和收入会被作为偿还贷款的资金来源,他的资产会被用作贷款的抵押。"抵押"(collateral)一词在不同语境中会有不同的含义,在金融交易中,它通常与"担保"(security)一词同义。本书中使用的术语为出口信用款项的担保(security),相关问题将在本书第 17 章加以分析。

4.11　部分承保和不同比例承保

在实践中,ECA 经常提供包括政治风险和商业风险的综合 ECA 保险。综合 ECA 保险几乎涵盖了所有可能导致境外买方未支付信用款项的事件;如此广泛的承保范围使得其对出口商和银行非常具有吸引力。但是,如本书第 3 章所述,一些出口商和银行并不想同时承保政治风险和商业风险。此外,ECA 并不总是愿意以相同的承保比例承保政治风险和商业风险,而承保比例在申请 ECA 保险时非常重要。以下几节对从 ECA 处获取部分承保的可行性,以及仅取得政治风险承保的效果进行了简要分析。

4.12 部分承保

在协商和确定一项出口信用交易时，出口商或银行可能希望获取仅针对政治风险或者商业风险的部分ECA保险，这是因为出口商或银行经过评估，认为他们仅需要对特定风险进行承保，而无须对其他风险进行承保。希望获取部分ECA保险的另一个原因，是部分ECA保险的保险费相对较低。例如，出口商或银行可能仅向ECA申请有关某一政治风险的ECA保险，而无须承保其他任何政治或商业风险。这一风险可能是境外买方款项汇兑出境的禁止或延迟风险、进口禁令或特定进口国的其他相关政治风险。

不同ECA对部分承保申请的处理方式各不相同，没有统一的模式。一些ECA会针对政治风险提供常规化的部分承保，而其他ECA则不愿提供部分承保或仅在例外情况下提供。ECA不愿提供部分承保的原因是，将综合ECA保险项下的某一风险单独分离出来提供部分承保的做法，在实际操作中并未得到充分的验证。如本书第3章所述，ECA标准条款中对单一风险的定义措辞较为笼统，很难将不同风险彼此区分开。解释政治风险和商业风险的定义存在一定的不确定性，这容易导致ECA与被保险人之间就某一事件是否属于部分ECA保险的范围产生分歧。为避免这种情况，有些ECA仅提供包括政治和商业风险在内的综合ECA保险。

4.13 政治风险和商业风险的不同承保比例

在实践中，大多数ECA都愿意同时承保政治风险和商业风险，但有些ECA对这两类风险的承保比例不同。政治风险的承保比例一般较高，通常高达100%，而商业风险的承保比例很少超过90%，这是为了促使被保险人出口商和银行有动力去尽可能地避免或减少商业事件导致的损失。为了达到上述目的，通常会让出口商和银行在ECA承保范围之外保留一小部分的商业风险，通常称为剩余风险。上述机制是基于假设被保险人出口商与境外买方间有更密切的客户关系，这使得出口商在境外买方遇到财务困难时，能够参与寻求解决境外买方支付信用款项问题的方法。上述机制还基于假设出口商的积极参与可能会帮助ECA减少损失，从而减少ECA向出口商实际支付的赔款。

一些ECA会将上述机制同时应用于出口商和银行，希望他们能够积极履行减损义务。其他ECA则仅对出口商采用上述模式，而银行可获得100%比例的政治风险和商业风险承保。

ECA可根据其对境外买方业务和财务状况的风险评估结果，降低对该境外买方商业风险的承保比例。经评估境外买方的财务状况和对信用款项的偿付能力，ECA如果认为其风险较高，很有可能降低商业风险的承保比例。例如，ECA的承保比例可能降为80%，这意味着剩余20%的风险由被保险人出口商或银行自行承担。

在考虑政治风险的承保比例时，一般认为，出口商和银行很难对境外政治事件施加影响，以避免或减少损失。因此，ECA 对政治风险的承保比例通常为 100%，全额承保 ECA 保单中约定的损失。理论上讲，如境外买方所在国的政治局势迅速恶化且发生损失的风险很高时，ECA 可以降低对政治风险的承保比例。不过 ECA 在此种情况下，更有可能直接决定不承保任何类型的风险。

4.14 认定为政治风险或商业风险的不同后果

世界政治和经济的多样化发展，导致政治和商业事件之间的界限变得不太清晰。当 ECA 对政治风险和商业风险的承保比例不同时，或 ECA 仅承保政治风险或商业风险之一时，对两者进行区分非常重要。ECA 标准条款对政治事件和商业事件均进行了定义，但这些定义的措辞通常非常笼统，有时难以适用于具体事件。这可能导致对政治和商业事件的定义存在不同的解释，从而使 ECA 与被保险人出口商或银行在对导致损失的事件进行分类时存在分歧。一个事件被认定为政治事件还是商业事件非常重要，时常会影响 ECA 的赔付比例。在有些案件项下，事件的分类结果还可能决定被保险人是否有权向 ECA 索赔。

举个例子来说明上述不同分类的结果，假设 ECA 向被保险人提供了一份对政治风险承保比例为 100%、商业风险承保比例为 90% 的保险。在被保险人因境外买方未付债务而损失 5000 万美元的情况下，如该损失是政治事件导致的，ECA 会全额赔偿被保险人的损失；如该损失是商业事件导致的，ECA 会赔偿被保险人损失总额的90%，即4500万美元。被保险人可能会认为该事件是政治事件，而如果该事件被ECA认定为商业事件，二者就相差500万美元，这对于任何一个被保险人出口商和银行来说，都是一笔不小的损失。如果ECA只承保了政治风险，而这一事件又被认定为商业事件，则被保险人得不到任何赔偿。许多出口商和银行都认识到了投保部分ECA保险的风险，因此他们通常会申请包括政治和商业风险都在内的综合ECA保险。

在此需要着重解释一下，ECA与被保险人出口商或银行之间，就某一事件应该归类为政治事件还是商业事件产生分歧的情况并不常见。这是因为ECA一直在根据世界政治和经济的发展情况，努力更新并明确其对政治事件和商业事件的定义。

为避免在政治风险和商业风险分类方面产生分歧，一些ECA会以相同的比例承保政治风险和商业风险。例如，二者均为95%。在两种风险承保比例相同的情况下，ECA对因政治风险和商业风险产生的损失的赔偿金额相同，无须再对二者进行严格区分。

5 卖方信用保险

卖方信用是指在贸易合同项下协议约定，出口商以信用条件向境外买方出售货物或服务。因出口商也称为卖方，故该信用在ECA行业术语里被称为卖方信用。以信用条件付款，意味着买卖双方约定，由境外买方在货物或服务交付后的将来某一时间支付价款，或以分期付款的形式在将来某几个时间分别支付价款。由于境外买方与出口商在不同国家，此类贸易合同涉及货物或服务从出口商所在国的出口和至境外买方所在国的进口两个环节。此类贸易合同中有关出口的因素，对于取得ECA对境外买方未支付信用款项风险的承保至关重要。在讨论ECA保险的语境下，卖方在卖方信用交易下称为出口商，他可能是货物制造商、服务提供方、贸易商或代理人。

卖方信用交易中的出口商知道，有许多不可预见的事件可能会阻碍境外买方依约支付信用款项。此类事件包括境外买方无力偿债、禁止或延迟货币从境外买方所在国向出口商所在国汇兑的政治决定，或其他由ECA承保的任何商业或政治事件。为使已方免受境外买方未支付信用款项所造成的损失,出口商可能会为这类信用风险投保 ECA 保险。出口商应向其所在国的 ECA 申请 ECA 保险。如果 ECA 同意承保相关交易中的信用风险,ECA 会签发保单,并要求出口商支付保险费。协议约定的境外买方将以信用条件支付贸易合同项下价款,被称为卖方信用,故承保此类风险的 ECA 保险也被称为卖方信用保险。

5.1 卖方信用交易的分类

最简单的卖方信用合同是出口商以信用条件向境外买方出售货物的合同。但是,"卖方信用合同"一词的含义更为广泛,包括任何约定了一方向另一方提供货物或服务的合同。如出口商在合同项下的义务是付款之外的其他义务,ECA 通常会将这类合同归类为卖方合同。出口商的义务可以是向境外买方交付货物或提供服务。作为回报,境外买方有义务以信用条件向出口商支付合同价款。所有这类交易都可以描述为"用行为换钱"的交易。如第 8 章所述,买方信用交易是"用钱换钱"的交易,即银行或其他金融机构将钱借给境外买方,境外买方在将来偿还借款。在讨论 ECA 的语境下,卖方信用合同通常被称为"贸易合同",以区别于贷款合同。区分一份合同是卖方信用合同还是买方信用合同,对于 ECA 决定提供何种类型的 ECA 保险至关重要。

但是,各个 ECA 并非都以同样的方式对卖方信用合同进行分类。以租赁合同为例,某些 ECA 会将所有租赁合同归类为卖方信用合同,不管出租人是出口商(通常是租赁物的制造商),还是银行或其他金融机构。其他 ECA 则采取不同的标准,会将出租人为出口商的租赁合同归类为卖方信用合同,将出租人是银行的租赁合同则归类为买方信用合同。一些 ECA 针对租赁合同制订了专项保单。

此外,一些 ECA 会为某些交易规模较大、交易结构较为复杂的卖方合同提供特殊类型的专项保单,其承保范围涵盖多种类型的风险。例如,建设工程专项保单,同时承保建设工程合同项下卖方信用风险以及与相关保证和担保有关的风险。其他关于专项保单的例子,还有针对航空器交易和船舶交易的专项保单,也涵盖了多种类型的风险,此类保单在经济合作与发展组织(OECD)《官方支持出口信贷的安排》中有专门的规定。本书不对这些交易展开分析。

就本书而言,卖方信用合同是指上述"用行为换钱"的交易。本书第 9 章分析了一些组合型的 ECA 保险,其中包括卖方信用保险。

5.2 卖方信用保险的限制

卖方信用保险的最高赔偿限额,通常以境外买方应当以信用条件支付的合同价款金额为限。合同价款一般由本金和合同利息组成。除了支付合同价款,贸易合同中有时还包含支付违约赔偿金、逾期付款利息等条款。这些付款义务一般不在 ECA 的承保范围内。ECA 通常会在其标准条款中就此作出明确约定,该约定既适用于贸易合同,也适用于贷款合同。

5.3　卖方信用保险的类型

根据信用期限的长短,最重要的两种卖方信用保险为短期保险和中长期保险。根据每份 ECA 保单所承保的信用风险的数量不同,短期卖方信用保险可以分为单独保险或框架性保险。中长期卖方信用保险通常是单独保险,即一项信用风险由一份单独的 ECA 保单承保。

5.4　短期卖方信用保险

短期信用的主要特征是期限少于两年,且《安排》不适用于承保此类信用的 ECA 保险。这意味着,ECA 承保短期信用风险时,不受《安排》关于承保比例、最低保险费率、信用款项还款间隔的规定及其他相关规定的约束。ECA 可以按照 100% 的比例承保短期信用债权,这对于中长期信用而言是不可能的。《安排》规定,ECA 承保的中长期信用交易中,境外买方必须支付合同总价款 15% 的预付款。这意味着在中长期交易中,ECA 承保的最高金额为以信用条件支付的合同总价款的 85%。在分析短期 ECA 保险的相关规定时,还应注意,欧盟成员国的 ECA 在部分情况下被限制提供短期 ECA 保险,具体参见本书第 4 章及第 21 章。

短期卖方信用保险的另一特征,是 ECA 对贸易合同项下货物或服务中所含境外因素的限制较为宽松。这意味着相较于中长期ECA保险,短期ECA保险项下ECA可以接受的境外因素的比例更高。另外,ECA对短期信用风险的评估方法,也与其对中长期信用风险的评估方法有所不同。

鉴于ECA需承保的短期卖方信用风险数量庞大,且短期信用风险所涉合同的价值一般较小,ECA通常会签发框架性ECA保单,承保同一出口商的所有短期信用风险。一份框架性保单的承保风险,可以是卖方与某一特定境外买方,或与某一特定国家或地区的全部境外买方之间的所有信用风险。

短期卖方信用保险也可以是仅针对单一风险的单独承保,这种情况下每张保单将单独签发。ECA提供单独短期保险的情况并不少见,特别是在所承保的信用款项金额较大的情况下。本书第4章更详细地介绍了短期信用以及短期ECA保险的特征。

5.5 中长期卖方信用保险

根据《安排》,中长期信用的信用期限为两年及以上。这一标准既适用于卖方信用,也适用于买方信用。中期信用的信用期限为两年至五年,而长期信用则为五年及五年以上。在实践中,这两种信用被归为同一类别,称为中长期信用。

短期和中长期卖方信用的主要区别,在于后者受《安排》的约束。本书第21章介绍了《安排》对中长期卖方信用的相关规定。

中长期卖方信用承保的另一个特征是，ECA 通常会逐一审查每个中长期信用风险的承保申请，而不会像处理有关短期卖方信用时那样提供框架性保单。这意味着，ECA 每承保一个中长期信用风险，都会单独签发一张保单。

6

银行参与下的卖方信用保险

境外买方以信用条件付款的贸易合同项下的出口商，常常需要在信用款项到期前提前收回款项。在这种情况下，出口商可以将其对境外买方的信用债权折价（贴现）转让给银行。如果银行购买了上述信用债权，则出口商可以提前收回款项，而银行将等待境外买方的信用付款。如果出口商与境外买方订立的贸易合同符合要求，银行可能会决定从出口商处购买信用债权。在作出决定前，银行会对境外买方支付信用款项的能力，以及对出口商履行贸易合同项下义务的能力进行评估。

术语

> 卖方向第三方出售债权的做法有时被称为“再融资”。由于“再融资”一词通常在其他领域使用并且含义丰富，本书将避免使用该词汇，而使用“出售债权”来代替。

银行从出口商处购买债权,意味着会接管相应的信用风险。因此,银行可能会希望获得出口信用机构(ECA)保险,以承保境外买方未支付信用款项的风险。ECA 可以承保此类信用风险,但所提供的承保类型取决于银行收购出口商信用债权的具体方式。对于该类风险,有些 ECA 仅会提供同一类型的保险,而其他 ECA 则会针对不同交易提供不同类型的保险。所有这些类型的 ECA 承保风险都包括政治风险和商业风险。有时,ECA 仅承保政治风险和商业风险二者之一,这取决于所涉交易的具体情况以及 ECA 是否愿意提供部分保险。下文分析了银行收购出口商信用债权的几种方式,以及 ECA 针对该等交易项下信用风险所提供的 ECA 保险的几种类型。

6.1 出口商对外转让债权以及其在 ECA 保单项下的权利

出口商将其享有的对境外买方的债权转移给银行的行为,称为债权转让。一般来说,许多国家的法律都允许债权人将债权转让给第三方,而无须经债务人同意。此规则适用于债权人与债务人签订的任何合同,除非该合同约定了须经债务人同意。

债权转让不同于合同整体转让,后者是第三方将取代一方合同当事人的地位。不同于合同的整体转让,债权转让仅是对合同的一个微小变动。这意味着出口商向银行转让债权后,仍保留着其与境外买方签订的贸易合同当事人的地位。在此情况下,除了要求境外买方支付到期债务的权利之外,出口商仍保留着贸易合同项下的其他权利并承担着一切义务(见图6.1)。

术语

出口商向银行或其他融资者转让债权,也被称为应收账款转让,转让方式包括使用出口商在银行的现有信用额度、出口保理、福费廷、发票贴现等。本书不对上述方式展开讨论。为简便,本书使用出售或转让债权这一术语。

出口商向银行转让债权的同时,银行将要求一并变更ECA向出口商提供的卖方信用保险的权利人。因为银行已经接管了境外买方未支付信用款项的风险,银行会要求出口商修改ECA保单条款,使银行成为ECA保单项下的受益人。因此,在境外买方未支付信用款项时,出口商向ECA索赔的权利以及ECA保单项下的其他权利,都转移给了银行。权利从出口商转移给银行,也称为转让(见图6.2)。ECA通常会在保单标准条款里明确约定,出口商有权对外转让其在ECA保单项下的权利,许多出口商会在其向银行转让债权时行使这一权利。但是,这一权利通常被限定于只能向特定的几家银行转让,出口商向其他第三方转让该权利需经ECA同意。

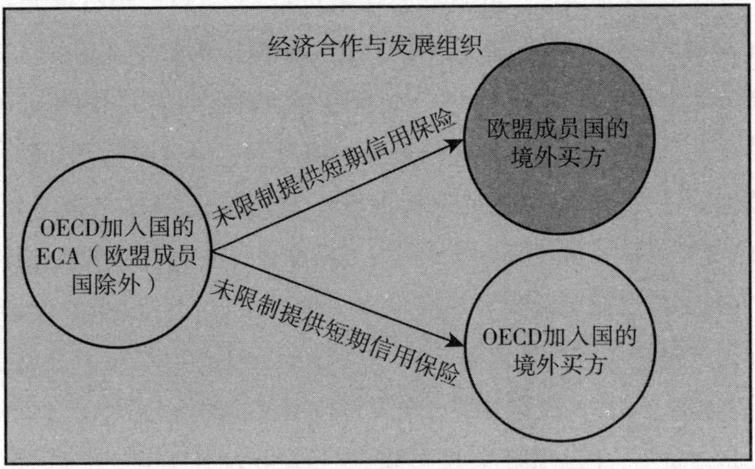

图 6.1　出口商向银行转让请求权

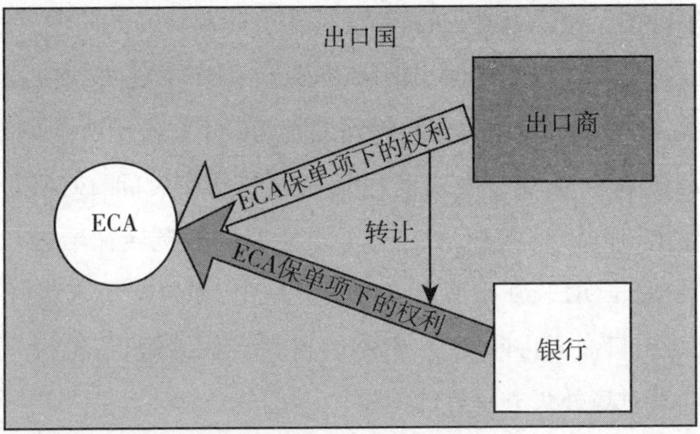

图 6.2　出口商向银行转让 ECA 保单项下的权利

在出口商转让给银行的权利中,向 ECA 索赔的权利是最重要的。其他权利均是要求 ECA 提供指导的权利。例如,在境外买方要求修改信用期限时如何回应、追偿过程中应采取何种措施等。

在ECA保单项下的权利转让给银行后,出口商仍然是ECA保单项下的被保险人,并应承担其在保单项下的全部义务。这些义务非常重要,包括向ECA支付保险费、披露与信用风险相关的信息及其他对ECA而言比较重要的信息等。出口商还负有尽可能地减轻ECA损失、协助ECA向境外买方追讨损失的一般义务。在一些交易中,出口商与境外买方之间存在长期的业务往来,相较于银行,出口商可能更容易获取有关境外买方财务困难的信息。如该等信息能够尽早地向ECA披露,也许能够帮助ECA避免或减轻损失。此外,在境外买方未支付信用款项的情况下,出口商有权行使贸易合同约定的救济措施,这一点在境外买方无力偿债的情况下或在向境外买方追偿过程中尤为重要。

实践中,许多出口商在其与境外买方磋商交易的阶段,就计划将其在贸易合同项下的债权转让给银行。出口商通常会在申请承保阶段,在尚未选定债权受让银行之前,就将上述计划告知ECA。无论是在ECA保单签发之前还是之后的任何时间,ECA通常都会同意出口商将其在ECA保单项下索赔的权利转让给银行。同时,出口商也明白,在很多出口信用交易中,如果交易未获得ECA保险,且出口商未将向ECA索赔的权利转让给银行,银行一般不会收购其对境外买方享有的债权。

出口商和银行经常使用上述模式,即出口商将其对境外买方的债权以及其在相应ECA卖方信用保单项下的权利一并转让给银行。但从银行的角度看,即使受让了出口商在ECA卖方信用保单项下的权利,银行也不能完全免除风险。

6.2 银行取得ECA保单项下权利后的地位

银行在购买出口商对境外买方的债权,并成为ECA保单项下卖方信用的受益人时,存在两种风险。第一种风险是出口商违反与境外买方的合同,导致境外买方拒付信用款项。这是十分重要的,作为对出口商违反合同的救济方式之一,境外买方有权暂停或拒绝支付信用款项。假设上述情形发生,作为合同债权受让人的银行,将无法从境外买方处收回信用款项。而且,由于ECA不会理赔有争议的合同债权,银行也无权向ECA申请赔偿未付的债权金额。有争议的索赔属于ECA对卖方信用保险的除外责任。

有时候,境外买方声明出口商违反贸易合同的主张并没有正当依据,而只是在为其无力支付信用款项寻找借口而已。在这种情况下,ECA可能会对出口商或已受让取得ECA保单项下权利的银行进行赔偿。但是,ECA在做出上述判断的时候,会持非常谨慎的态度,ECA很少会对争议债权进行赔偿。在债权尚存争议的情况下,ECA会指示出口商或银行获取相关法院判决或仲裁裁决,以证明出口商对境外买方享有债权。获取相关法院判决或仲裁裁决,通常需要经过一个耗时费力的程序,这会使银行获得ECA赔付的时间延迟,银行并不想陷入这种困境。

银行成为ECA保单项下的受益人后,所面临的第二种风险,是出口商违反ECA保单义务的风险。尽管ECA保单项下的权利已经转让给银行,但是出口商仍然保有被保险人的地位。如果出口商违反其在ECA保单项下的任一义务,ECA将有权对出口商行使保单约定的救济权利。ECA可能会在境外买方未付款金额基础上减少赔付金额,如果出口商构成严重违约,ECA可能会终止保单。ECA保单的终止,意味着不管是出口商还是银行,都无法申请理赔。这将对受让ECA保单项下权利的银行产生不利影响,因为银行可以向ECA主张的权利并不能超过出口商。此外,针对出口商在ECA保单项下的违约行为,银行也无法采取有效的补救措施。

针对上述两种因出口商违约导致银行无法收回信用款项或向ECA索赔的情况,银行在收购出口商对境外买方的债权时,可能会要求享有对出口商的追索权。银行在与出口商的多数交易中,都会提出上述要求;而出口商会同意全额赔偿银行无法从境外买方或ECA处收回的款项。然而,出口商即使承诺全额赔偿未收回的款项,银行仍然面临着在行使追索权时,出口商无力偿债的风险。一些出口商不愿意赋予银行追索权,他们认为自己违反贸易合同或者ECA保单义务的风险是微不足道的。

的确,出口商违反贸易合同或者ECA保单义务的情况很少发生。实践中,如果出口商与境外买方就贸易合同的履行问题发生争议,该等争议通常都能够得以解决,不会影响到银行所受让的对境外买方的债权。同理,被保险人出口商与ECA间的合同关系也是如此。此外,在提供ECA保险或收购出口商对境外买方的债权之前,ECA和银行都会对出口商履行贸易合同的能力进行评估。若ECA判定某特定出口商无力履行其与境外买方间的贸易合同,他将不会向该出口商提供ECA保险。继而,若ECA不予承保,银行也不会收购该出口商在相应贸易合同项下的债权。

6.3 出口商转让汇票和保单权利

在出口商向银行转让其对境外买方的合同债权的很多交易中,境外买方的远期付款义务可能是以出具一张或多张汇票的形式作出的。汇票是承诺在未来某个日期无条件支付特定金额款项的独立文件。由于汇票是可转让给第三方的流通票据,出口商可将汇票贴现出售给银行。在这种方式下,银行买到的是汇票记载的远期债权,出口商则可以以较低的价格即时回款,而不用等到信用款项到期时才收回全额款项。贴现可以在汇票到期日提示付款前的任意时间进行。贴现交易可能会以银行有追索权或无追索权的方式进行。追索权是指在汇票被拒绝付款时,银行可以要求出口商退还其购买汇票时所支付的债权金额的权利。

在汇票签发后,境外买方的付款义务随即独立于基础贸易合同,而内含于汇票这一独立文件中。由于汇票的独立性和无条件付款的法律性质,境外买方无权以出口商违反贸易合同为由,对汇票项下的付款提出争议或拒绝付款。

从银行的角度来看,购买汇票相较于购买对境外买方的合同债权而言,是一个更好的选择。因为在汇票项下境外买方无权以出口商违反贸易合同为由,对汇票项下的付款提出争议或拒绝付款,从而消除了这一项与银行有关的重要风险。因此,比起以受让方式取得合同债权,购买汇票对于银行来说确定性更高。所以出口商在向银行出售对境外买方的债权时,会更多地使用汇票转让的方式。然而,出口商与境外买方的贸易合同并不必定使用汇票,境外买方有可能会拒绝签发汇票,因而这种方式也就无从适用了。

6.4 ECA 保单项下银行地位的不充分

当出口商向银行出售汇票时,银行会要求出口商向其一并转让 ECA 保单项下的权利。如本章前文所述,ECA 通常会接受此类转让。银行在成为 ECA 保单项下卖方信用的受益人后,其地位并不会优于出口商的地位。尽管银行持有汇票,但在成为卖方信用 ECA 保单下的受益人后,相较于保单权利转让前的出口商,银行对 ECA 并不享有更多的权利。向出口商签发的 ECA 卖方信用保单,仅承保境外买方不履行对出口商的合同债务的风险,而不承保与贸易合同独立存在的汇票被拒付的风险。换言之,理论上 ECA 卖方信用保险不是专门针对汇票而设立的,而是针对出口商对境外买方的合同债权而设立的。

上文所述的银行所处的地位,致使 ECA 无法承保因出口商违反合同导致境外买方拒绝支付信用款项的风险。而这可能会对银行产生不利的影响,因为当境外买方主张出口商违反合同而拒绝支付汇票款项时,银行无权要求 ECA 理赔。

实践中其实很少会出现上述情况,因为境外买方知道汇票项下的付款是无条件的并且是独立于贸易合同的。他们也清楚其与出口商之间的纠纷不应该将银行牵扯其中，如果他们因与出口商的纠纷拒绝支付汇票款项，将会导致违反与汇票相关的法律。实践中，境外买方向银行支付汇票款项，比向出口商支付信用款项时表现得更为自律。因此，境外买方通过主张出口商违反贸易合同而违法拒付汇票的风险很低。然而，处理此类交易的银行仍想消除所有种类的风险，这也是为什么有些 ECA 会创造出一种单独的保险，专门用于承保汇票未支付的风险。

6.5　汇票保险

汇票保险由 ECA 直接向银行提供，用以承保汇票款项未支付的风险。这和上述出口商将汇票贴现转让给银行的交易是完全相同的，但不同之处在于银行相对 ECA 来说，直接扮演了被保险人的角色。作为被保险人，银行享有 ECA 保单项下的一切权利，并承担一切义务（见图 6.3）。因此，如果出现拒付汇票的情况，银行可以直接向 ECA 索赔，这项权利与出口商是否违反贸易合同无关。与上文所述的出口商作为被保险人、银行作为受益人的情况相比，在汇票承保项下，银行在与 ECA 的关系中，有了更加有利的地位，而且银行对于保单的控制能力更强。

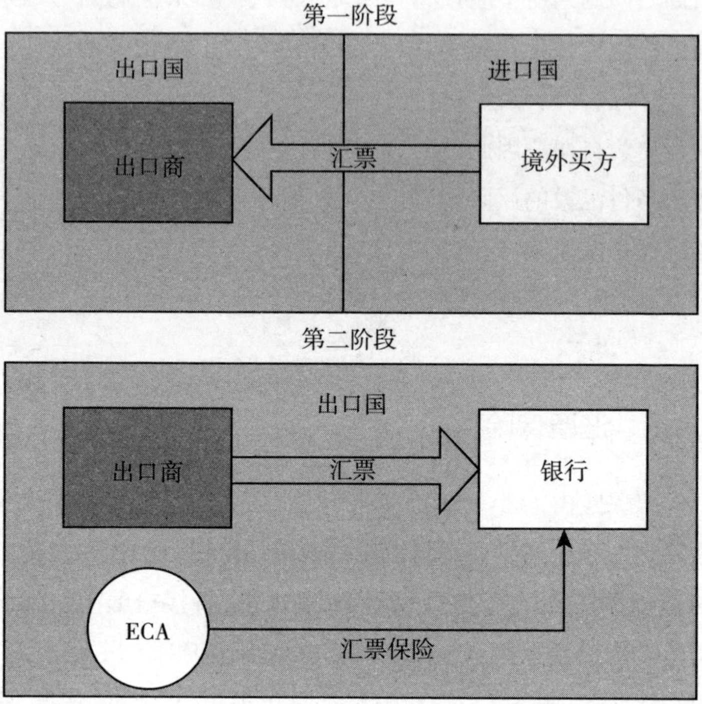

图 6.3　汇票的 ECA 保险

相较于收购汇票并受让出口商在普通卖方信用 ECA 保险项下的权利，银行收购汇票并自行直接获得 ECA 保险的模式，对银行而言是更好的解决方案。通过获得 ECA 直接承保，银行可以消除境外买方对付款提出争议的风险，以及出口商违反其在 ECA 保单项下义务的风险。这是因为，在汇票承保下，ECA 承保的是未支付汇票款项的风险，而不是境外买方与出口商之间的贸易合同项下信用款项未支付的风险。

ECA 愿意向银行提供此类承保，所依据的是汇票本身的法律属性,即其是包含了在将来某一时间无条件支付特定金额款项义务的文件。根据ECA的判断,境外买方违法拒绝支付票据款项的风险较低。ECA愿意提供此类承保的另一项依据,是汇票项下主张付款的可强制执行性,完全独立于出口商与境外买方之间可能存在的争议。

在提供汇票承保时,ECA通常会要求出口商出具一份文件,确认相关汇票是基于出口商与境外买方之间的出口信用合同而签发的。尽管汇票保险改善了银行的地位,但其主要目的仍是支持出口并使出口商得以出售其对境外买方的债权。非基于出口信用合同而签发的汇票,是无法得到ECA承保的。出口商无须参与此类保险,除了可能需要出具上文所述的文件。

汇票保险对银行而言非常实用,但因出口商与境外买方订立的贸易合同并不总是以远期汇票作为付款方式,汇票保险并不能适用于所有的卖方信用交易。另外,并不是所有ECA都会提供汇票保险。

此外,实务中,使用汇票也会面临一些问题。提示付款必须在汇票到期日作出。许多国家的法律都规定,如汇票未能兑付,持票人应当取得官方拒绝证明,该证明通常须经公证。是否适用前述规定,取决于汇票是国内汇票还是国外汇票,还取决于汇票中是否记载了“免于作成拒绝证明”条款。取得拒绝证明的程序较为严格,截止期限非常短,通常是汇票付款到期后两日内。该期限如此之短所引发的问题,是获得ECA汇票保险的银行很可能会错过期限。这可能会对银行强制执行未付汇票项下的款项产生不利影响，进而对银行向 ECA 索赔的权利产生不利影响。

6.6 本票保险

本票保险类似于前文所述的汇票保险。本票保险由 ECA 直接向银行提供，用以承保银行从出口商处收购的本票项下不付款的风险。本票是出票人（本节中为境外买方）作出的，保证自己在将来某一日期支付特定金额款项的无条件书面承诺。此类交易中的本票可以向第三方转让。如果本票符合银行的要求，银行通常愿意办理本票贴现。办理贴现时，银行会以票面价值为基数，扣除贴现费用，并将剩余款项支付给出口商。在此情况下，出口商所得款项虽然少于票面金额，但出口商可在本票到期前办理贴现时立即收回款项。本票贴现可能会以银行对出口商有追索权或无追索权的方式进行，这与办理汇票贴现相类似。

从出口商处收购本票后，银行即接管了境外买方不依本票付款的风险，银行希望就此风险获得 ECA 保险。部分 ECA 会提供该类保险，但并非所有的 ECA 均有此项业务。

与汇票类似，本票也是将境外买方的付款义务从贸易合同中独立出来的一种文件，获取本票保险对银行十分有利。通过获得本票保险，银行消除了出口商违反贸易合同的风险，以及出口商违反 ECA 保单义务的风险。在这类保险中，银行作为被保险人享有

ECA 保单项下的一切权利,并承担一切义务(见图 6.4)。出口商无须参与此类 ECA 保险。

由于本票保险的主要目的是支持国家出口,所以 ECA 提供本票保险时,通常会要求出口商书面确认相关本票是基于出口商和境外买方之间的出口信用合同而签发的。基于其他贸易合同(不包括出口货物或服务内容的合同)而签发的本票,无法获得此类 ECA 保险。

因出口商与境外买方订立的贸易合同并不总是以本票作为付款方式,本票保险并不能适用于所有的卖方信用交易。另外,并不是所有 ECA 都会提供本票保险。

出口商与来自不同国家的两个不同境外买方订立交易时,即便以相同条件出售相同货物,也可能出现其中一笔交易以汇票作为付款方式,而另一笔交易以本票作为付款方式的情况。这种情况并不罕见,因为不同进口国的不同传统和交易习惯可能导致该国的境外买方选择使用不同的票据。

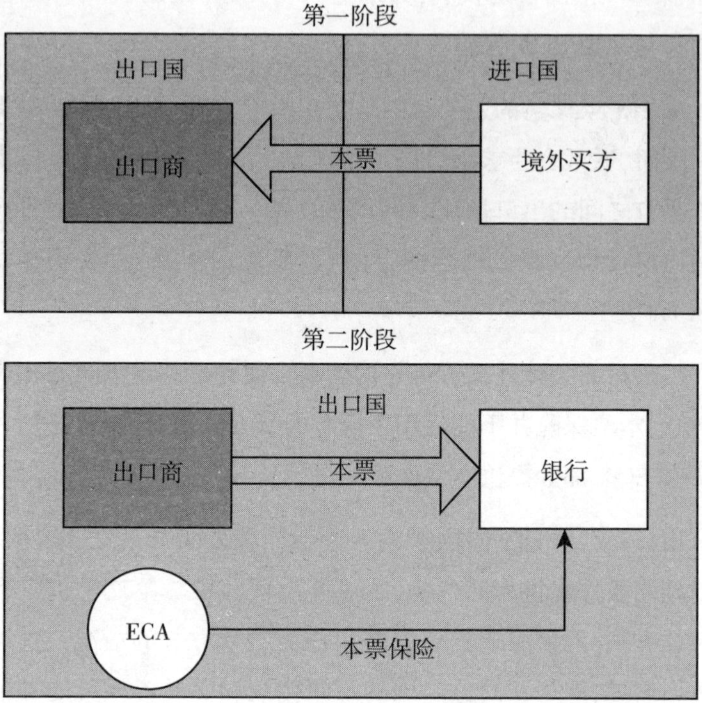

图 6.4　本票的 ECA 保险

6.7　应收账款保险

应收账款保险只有少数 ECA 会提供，适用于与本章前述完全相同的交易，即出口商将其对境外买方的远期债权折价转让给银行的交易。债权转让的同时，出口商会将其在相应 ECA 保单项下的权利一并转让给银行，银行会成为保单受益人，并有权在境外买方未支付信用款项的情况下向 ECA 索赔。出口商仍保有 ECA 保单项下的被保险人身份。

在收购出口商对境外买方的债权时,银行明白其会承担出口商违反贸易合同的风险,以及出口商违反 ECA 保单义务的风险。基于这两种风险,一些银行更愿意直接从 ECA 获得承保,而不需要出口商的参与。如果 ECA 直接向银行签发保单,作为被保险人,银行在该保单项下的地位要比其在卖方信用 ECA 保单项下受益人的地位更为有利。这类 ECA 保险只有少数 ECA 会提供,有时会被称为应收账款保险(见图 6.5)。这个名称容易使人混淆,因为其他几种类型的 ECA 保险也可以称为应收账款保险。在这类保险中,银行的地位与其在汇票保险下的地位相似。这两种 ECA 保险的主要区别在于,提供应收账款保险无须汇票。

从银行的角度来看,应收账款保险的好处在于消除了出口商违反贸易合同的风险,以及出口商违反 ECA 保单义务的风险。如本章前文所述,ECA 一般并不承保这两种风险。

从 ECA 的角度来看,上述交易结构略差,以至于大多数 ECA 不愿意向银行提供此类保险。因为即使在出口商违反贸易合同,导致境外买方未支付信用款项的情况下,银行仍会期望从 ECA 处获得赔偿。几乎所有的 ECA 保单都会将此风险列为除外责任,此项除外责任是 ECA 行业的基本原则之一。另外,因出口商违约而使境外买方有权中止或拒绝支付贸易合同项下的信用款项的,ECA 将无法向境外买方追偿任何费用。

ECA 不愿意提供应收账款保险的另一个原因,是让出口商保留其在卖方信用交易中的被保险人的身份,对 ECA 会有若干好处。这是因为出口商是贸易合同项下的当事人,可以对境外买方行使合同项下的救济措施,以便减少或避免 ECA 的损失。另外,一些出口商与境外买方之间存在长期的业务往来,这使得他们能够监控境外买方的财务状况,并在境外买方财务状况发生恶化时及时告知 ECA。信用风险提高的预警,使 ECA 有可能立即采取行动,以减轻或避免因境外买方不能支付信用款项而造成的损失。

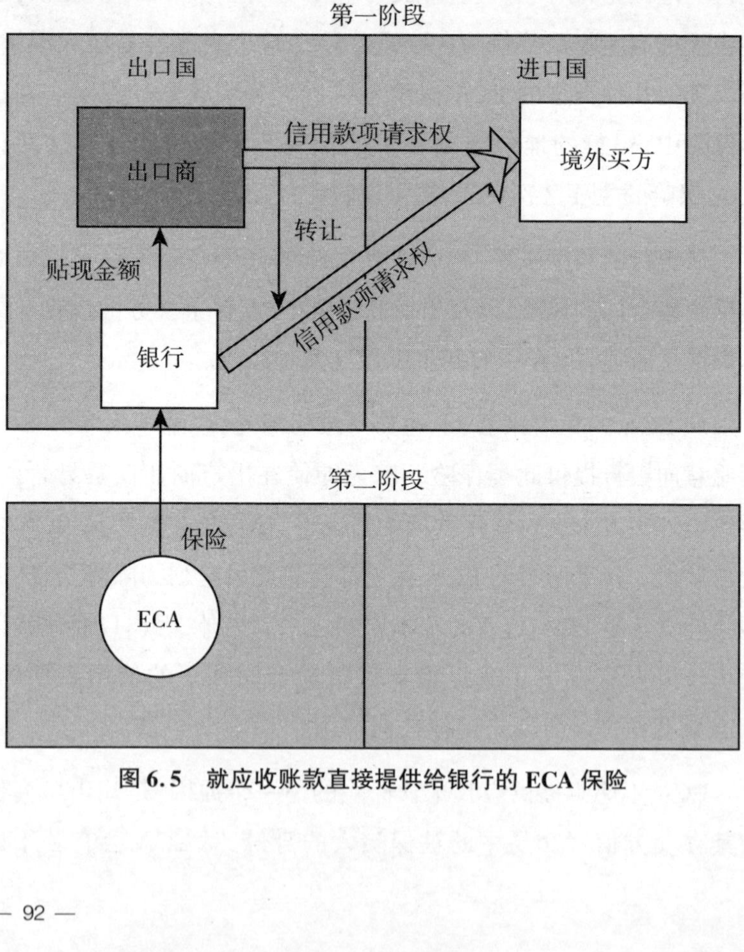

图 6.5　就应收账款直接提供给银行的 ECA 保险

7 复杂交易下的卖方信用保险

如本书第5章所述,卖方信用合同是一种出口商以信用条件,向境外买方提供货物或服务的贸易合同。在货物出口合同中,出口商通常是在货物的生产国注册成立的公司;而在服务出口合同中,出口商可能是在境外买方所在国、第三国或其注册国实施服务的公司。

最简单形式的卖方信用合同是由单一出口商和单一境外买方订立的,但这种类型的合同也可能会更加复杂。举个复杂的卖方信用合同的例子,如几家建筑商以出口商身份和境外买方之间签订的建筑合同。另一个例子,是第三方充当中间人或代理人的出口信用交易,该情形下出口商和境外买方之间没有直接的合同关系。第三个复杂卖方信用合同的例子,是跨国公司在向境外买方出售货物或提供服务时,有其位于他国的子公司参与交易的情况。跨国公司的境外子公司,在向进口国的境外买方出售货物或提供服务时,往往充当跨国公司的代理商、分销商或中间商。

出口贸易结构中包括多个出口商,或出口商与境外买方之间有第三方参与的贸易,会使出口信用机构(ECA)为此类交易提供信用风险承保的工作变得更加复杂。出口交易的复杂性,可能会对卖方获得 ECA 承保信用风险的资格产生负面影响。当出口信用交易复杂到难以获得 ECA 保险时,交易双方应当考虑是否需要重新调整交易结构,以满足 ECA 的要求。这一问题以及与复杂卖方信用交易中提供 ECA 保险相关的其他问题,我们将在下文进行分析。

7.1 出口商涉及多方主体的保险

卖方信用合同的结构,可以是多个出口商与单一境外买方订立出口信用合同。当该合同的每个出口商都享有独立债权,且各自独立的接收境外买方的付款时,则 ECA 可以分别向每个出口商单独签发保单,以提供 ECA 卖方信用保险。以这种方式签发的每份 ECA 保单,都只承保某一个出口商自己不履行的应付款金额。除了签发多份 ECA 保单,ECA 可以采取只签发一份保单的形式,在一份保单里载明针对每一个出口商的单独金额分别进行承保。

如果在单份卖方信用合同中多个出口商采取联合体的形式,并且同意境外买方仅向其中一个出口商(通常称为联合体牵头人)支付信用款项,则 ECA 可以使用上述方式向联合体中的每个出口商提供卖方信用保险。联合体牵头人代表其他出口商与 ECA 办理相关业务,如申请 ECA 保险、支付保险费、申请理赔等。该类型的卖方信用保险,通常承保由于商业或政治事件引起的境外买方未支付信用款项的风险。联合体牵头人在收到境外买方付款后，有义务向其他出口商付款，而这通常不包括在此类 ECA 承保的范围内。

但是，一些 ECA 承保因政治事件，导致联合体牵头人向其他出口商付款发生禁止或延迟的风险。此情况例如，联合体牵头人在收到境外买方付款后，某个政治事件导致所收款项无法从境外买方所在国汇兑出境。同样地，一些 ECA 承保因政治事件导致款项无法从联合体牵头人所在国，向其他出口商所在国汇兑的风险。款项汇兑的禁止或延迟是 ECA 通常予以承保的一项重要的政治风险，但这类承保的范围取决于出口商与境外买方之间约定的付款地点。本书第 3 章分析了约定的付款地对确定 ECA 承保范围的重要性。

7.2 出口商与上游卖方的合同保险

出口商通常需要采购多种组件，用以生产供应给境外买方的最终产品。这些组件是从上游卖方处购买的，且这些交易中的付款方式通常也采用信用条件。在一些交易中，上游卖方以信用条件提供的组件价值非常大，而出口商向上游卖方支付信用款项的能力，却直接取决于出口商与境外买方之间的交易。因此，在境外买方未支付信用款项的情况下，出口商也将无法向上游卖方支付信用款项。在这个交易结构中，出口商在与境外买方的卖方信用合同中承担的信用风险，将间接影响到上游卖方。因此，一些上游卖方寻求 ECA 承保其与出口商签订的上游卖方合同中约定的信用风险。

但问题是上游卖方和出口商之间的交易并非出口交易,这意味着 ECA 无法承保上游卖方对出口商的信用风险。此外,上游卖方并不享有向境外买方主张付款的合同权利。一些 ECA 可能会在例外的情况下,向上游卖方提供承保出口商不付款的 ECA 保险,但也仅限于上游卖方与出口商同属于一个国家的情况。这类保险只承保纯商业风险,比如 ECA 承保出口商无力偿债,导致无法向上游卖方付款的风险。

7.3 出口商通过进口国中间商交易的保险

有时出口商是同来自进口国的中间商进行交易,中间商其后会在进口国转售出口商的货物或服务。此类中间商是在进口国注册成立的法人实体,其以信用条件将货物转售给当地买方。在这种结构中,出口商无法控制中间商及其在进口国的业务。出口商无法将货物直接出售给当地买方(也称为最终买方),并且无权向最终买方主张付款。

在此类交易中,中间商对出口商的付款需要在符合条件时才能成就,有时被称为“如果”支付。出口商向进口国的中间商销售商品或提供服务,中间商以信用条件将其转售给同一国家的最终买方。中间商和出口商都必须等待最终买方的信用款项回款,且回款是由中间商收取而非出口商。当中间商收到最终买方的信用款项回款时,中间商即产生了向出口商付款的义务。

在包含“如果”条款的交易中,信用风险由出口商承担,因为如果最终买方不向中间商支付信用款项,则出口商会产生损失,而非中间人产生损失。因此,出口商希望能够获得ECA对该种信用风险的承保,有些ECA也提供此类保险。此类保险中,ECA向出口商承保了最终买方未向中间商付款的风险,这是基于中间商和最终买方之间的合同约定的信用条件(见图7.1)。

这类ECA保险并不总是承保与该交易有关的所有风险。ECA通常不会承保中间商不向出口商付款的风险,因为此付款并非以信用条件支付。中间商从最终买方处收到回款后,可能会发生无力偿债,从而无法将回款转付给出口商。这种风险的商业属性较强,ECA通常不会予以承保。

在一些情况下,当中间商不向出口商付款是由于政治事件引起时,一些ECA可能会承保这种损失。政治事件不受合同当事人的控制,因此一些ECA愿意承保阻碍中间商向出口商付款的政治风险。但是,此类保险不包括商业风险,如境外中间商发生无力偿债或付款违约。

在向最终买方追偿的时候,上述交易中承保信用风险的ECA的地位有所削弱。获得ECA保险的出口商与最终买方没有任何合同关系,其因信用款项未支付而向ECA申请理赔时,无法向ECA转让对最终买方的索赔权。在出口商与境外买方存在直接合同关系的其他交易中,ECA要求对此索赔权进行转让。ECA能否从最终买方处追偿回任何款项,取决于境外中间商所采取的救济措施,因为只有中间商有权直接要求最终买方付款。当采取救济措施时,中间商没有任何合同义务遵循ECA的指令。此外,中间商没有义务尽量避免或减少 ECA 的损失,此义务类似于在不涉及中间商的交易中的被保险人出口商所负有的合同义务。为了改善合同地位,ECA 可能要求出口商在与中间商的合同中加入特别条款,约定中间商必须参与向最终买方索赔。

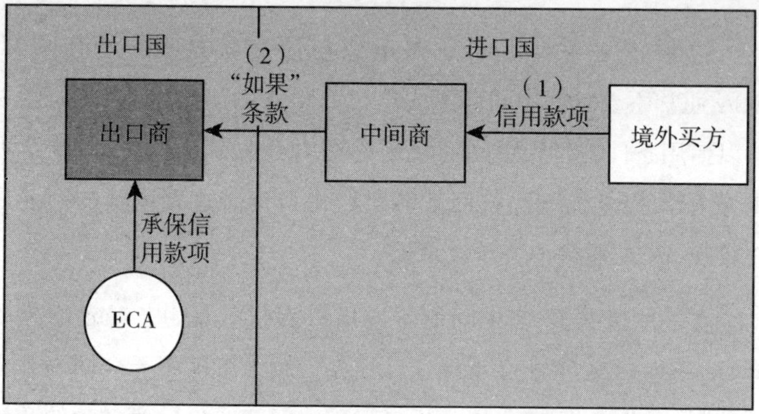

图 7.1　出口商通过进口国中间商交易的保险

7.4　出口商通过第三国中间商交易的保险

在上述交易中,中间商可以来自出口国和进口国以外的国家。甚至在此交易中,中间商向出口商付款的义务也是建立在“如果”条款之上的。因此,中间商在收到进口国最终买方的付款时,才有义务向出口商付款。由于此交易与来自进口国的中间商的交易非常相似,可以认为此交易同样有资格获得出口国 ECA 的承保,因为信用风险仍由出口商承担。

但是来自出口国的 ECA,有可能会拒绝承保这种交易结构,其认为该交易包括了两笔国际出口交易，第一笔是出口商和中间商之间的交易，第二笔是中间商以其所在国的出口商的身份与进口国的境外买方之间的交易。由于第二笔交易的付款是以信用条件达成的，也可以认为中间商应该从其本国的 ECA 获得出口信用保险。这与出口商所在国的 ECA 提供保险的贸易相比，并不会明显改变出口商的地位。

但是，从中间商所在国的 ECA 获得出口信用保险，并非总是可行的。由于提供给最终买方的货物缺乏本地因素，中间商所在国的 ECA 可能不愿向中间商提供保险。此外，也有可能中间商所在国根本没有设立官方支持的 ECA。

当来自第三国的中间商，无法从其所在国的 ECA 获得保险时，唯一的剩余方案就是从出口国的 ECA 获得保险。提供此类保险的主要理由是交易中的信用风险仍由出口商而非中间商承担。如前文所述，ECA 的承保范围仅限于最终买方不向中间商支付信用款项的风险，不包括中间商不向出口商付款的风险，除非其是由政治事件引起的。

7.5 出口商通过进口国的子公司交易的保险

现今，许多跨国公司在进口国注册成立子公司，目的是让他们参与出口交易。子公司经常购买和进口母公司提供的货物，并按照信用条件在进口国转售给当地买方。

如此设计交易结构有若干原因，其中最重要的是降低交易成本，主要是靠避免向当地代理商支付高昂的代理费，以及使用已完成进口和通过海关清关的现货，直接接触潜在的当地买方。此外，采取这样的出口交易结构，也可以依据进口国的当地法规而在财务上更为有利。

上述出口交易中包括两笔交易。在第一笔交易中，出口商将货物出售给境外买方——在进口国注册成立的出口商的子公司。该笔交易实际上是卖方合同，进口商有义务向出口商支付货款。出口商与其作为进口商的子公司之间的卖方合同，是 ECA 承保的传统出口交易。

第二个卖方合同是在进口国签订的，合同双方分别是子公司和最终买方。这是由两个国内当事人之间签订的国内合同。该交易不包含任何出口和进口的因素，因为在第一笔交易中货物已经由出口商出口，并由其子公司进口到了进口国。第一份合同是来自不同国家的两个当事人之间的国际合同，第二份合同是负责进口的子公司和最终买方之间达成的，以信用条件付款的纯国内合同（见图 7.2）。

问题在于出口商希望出口国的 ECA 承保的是哪种付款风险？是其进口国的子公司未支付购货价款的风险，还是最终买方不向子公司支付信用货款的风险？显然，需要由 ECA 承保的是最终买方的信用风险，而非出口商子公司的风险。出口商对其境外子公司拥有所有权和控制权，并可指示其向自己付款。另外，最终买方可能发生无力偿债，或由于政治或商业事件导致无法支付信用款项。最终买方未向子公司支付信用款项，通常会导致子公司无法向出口商付款，从而使出口商受到损失。因此，出口商希望能够获得ECA保险，承保最终买方的信用风险。但是，提供此类保险可能会遇到下述困难。

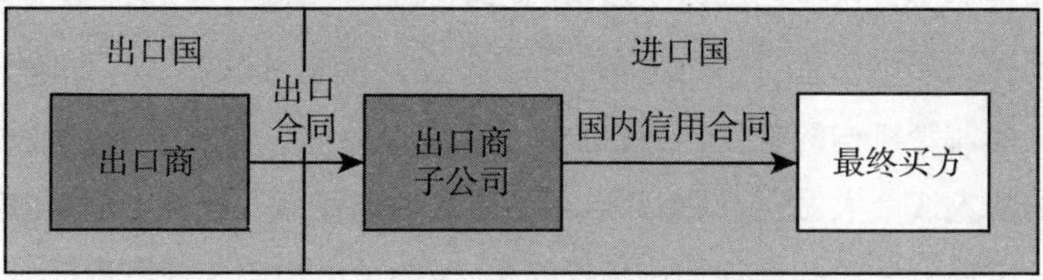

图7.2　子公司作为进口商的出口交易

7.6　国内交易的信用风险承保困难

第一项困难，就是出口商没有资格从出口国的ECA获得保险，以承保最终买方未向进口国子公司支付信用款项的风险。因为出口商与最终买方之间没有任何直接的合同关系，也不承担最终买方引起的任何正式的信用风险。第二项困难，是出口商无权向最终买方主张付款，在向ECA申请理赔时，也无法向ECA转让对最终买方的索赔权。只有出口商在进口国的子公司才与最终买方有直接的合同关系，并有权要求最终买方支付信用款项。最终买方的信用风险，实际上由子公司而非出口商承担。

上述问题的解决方案，是ECA向出口商在进口国的子公司提供出口信用保险，承保子公司因最终买方未支付信用款项所受到的损失。子公司作为在进口国注册成立的独立法人实体，具有与出口国的ECA进行交易的法律行为能力。但是向境外子公司提供保险,以承保纯属其国内交易的信用风险的做法,并非总是可行的。

规范保险业务的当地法律,可能会禁止 ECA 承保境外子公司与最终买方达成的国内交易中的信用风险。保险业务在许多国家都受到严格监管,只有获得许可的保险公司才可以经营。保险公司受监管机构的管控,监管机构可以对未经许可而从事保险业务的法人或个人,进行调查并启动相应的法律程序。此外,一些国家规定保险公司的高管如违反保险法,需要承担相应的刑事责任。

这一限制也会将他国 ECA 视为不持有许可证而在境外开展保险业务的保险人。ECA 承保信用风险虽然有本国的官方支持背景,但这一点并不能起到任何作用。境外保险人不得进入进口国的国内市场,承保其国内交易中的信用风险(见图 7.3)。

上述限制也可能会影响 ECA 以保证形式提供的出口信用保险。在某些司法区域,ECA 以保证形式提供出口信用保险,也会被归类为保险业务,这是因为 ECA 保证的两个基本特征——承保因未支付信用款项而产生的损失以及对提供保证收取保险费,这两个特征与 ECA 签发的保单是完全一致的。如果为承保国内信用风险而提供的 ECA 保证,在某境外司法区域被列为保险,则提供保证可能被归类为未经许可的保险业务。

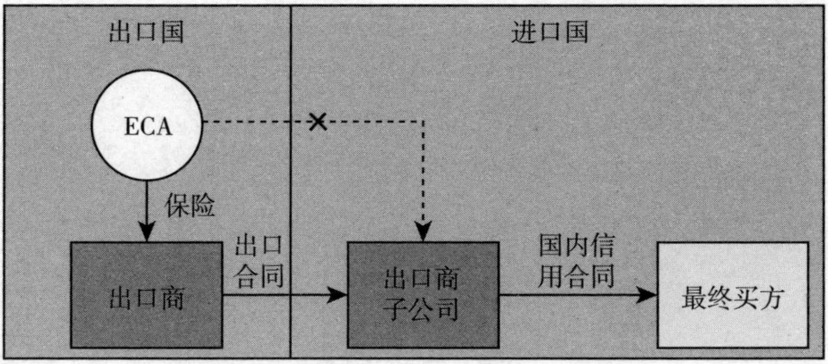

图 7.3 在国外开展保险业务的限制

7.7 由境外 ECA 承保国内贸易的信用风险的解决方案

通过将信用风险从进口国转移到出口国,可以解决 ECA 针对在外国国内发生的交易提供信用风险承保的困难。具体而言,可以通过以下两种方式实现,一是在出口商与其境外子公司之间的合同中,设置"如果"付款条款;二是通过出口商向其境外子公司提供保证或类似承诺。

当境外子公司同意向出口商以"如果"条款付款时,如果境外子公司收到最终买方的付款,将向出口商支付货款。境外子公司向出口商的付款义务需要满足条件才能成就,只有当境外子公司收到最终买方支付的信用款项时,才产生上述付款义务(见图 7.4)。

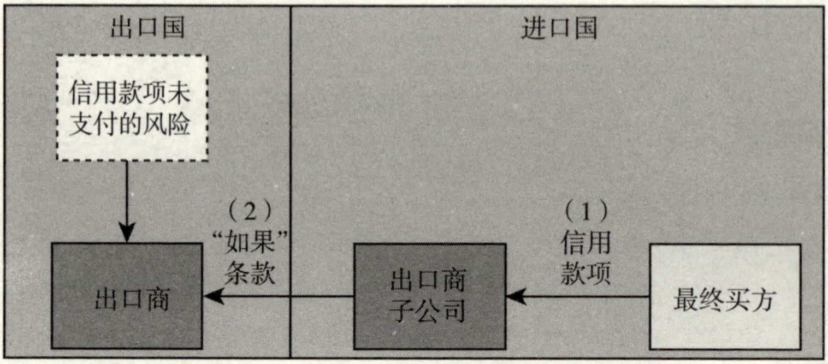

图 7.4　加入“如果”条款来转移信用风险

如出口商及其境外子公司订立了“如果”条款，则由出口商承担最终买方未付款的风险。当出口商承担上述信用风险时，它将有资格获得出口国 ECA 的出口信用保险。出口商与其境外子公司之间的交易是国际性的，而非国内贸易，许多 ECA 可以向出口商提供卖方信用保险，以承保此信用风险。ECA 通过承保分属于不同国家的两个实体之间的国际交易，变得不再违反进口国有关规范保险业务的法律。

转移信用风险的另一种方法，是就最终买方不向境外子公司支付信用款项一事，由出口商向其境外子公司承担保证责任。在此种交易中，出口商与其境外子公司之间采取货到付款的支付方式，而境外子公司以信用条件，将货物转售给进口国的最终买方。境外子公司承担本次交易中最终买方未支付信用款项的风险，但如果出口商向其境外子公司作出保证或类似承诺，则此风险可以转移给出口商。如果最终买方不向境外子公司支付信用款项，则出口商会根据此保证向境外子公司偿付货款（见图 7.5）。

出口国的 ECA 可以向出口商提供 ECA 保险，以承保出口商向其境外子公司作出的保证中所包含的信用风险。出口商向其境外子公司作出的保证属于国际交易，符合出口国 ECA 承保信用风险的资格。为国际交易提供 ECA 保险，不得违反进口国规范保险业务的法律。

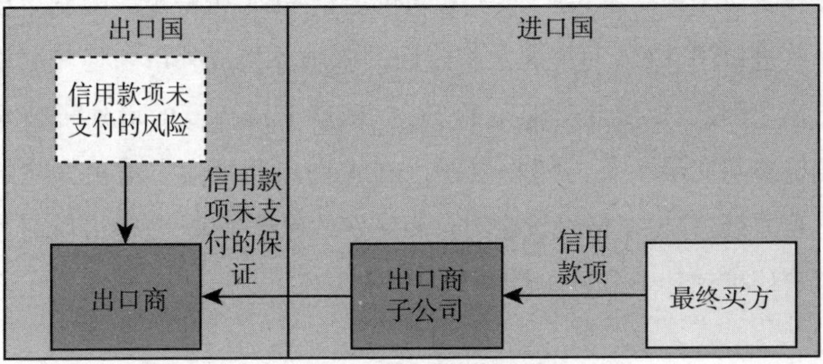

图 7.5　提供保证来转移信用风险

从出口商的角度来看，上述转移信用风险的两种方式并不总是最完美的，因为出口商将其境外子公司视为独立的实体，在进口国注册并依照当地法律管理。境外子公司独立核算资产负债表和财务业绩，其信用风险应当记在自己的账上。但是，当 ECA 无法承保进口国国内交易中的信用风险时，使用“如果”交易结构和出口商保证结构可以将信用风险转移给出口商，这恰恰是获得 ECA 承保此类风险的最适当方式。

按照上述两种解决方案，在向最终买方追偿的时候，承保信用风险的 ECA 的地位有所削弱。由于 ECA 保险的出口商与进口国的最终买方没有任何合同关系，出口商在向 ECA 申请赔偿因最终买方未支付信用款项而造成的损失时,无法将对最终买方的索赔权转让给 ECA。ECA 可能会要求出口商安排境外子公司,向 ECA 转让其信用债权,但不确定这种转让是否有效,并且是否能够依据进口国法律获得强制执行。

即使子公司可以向 ECA 转让其对最终买方的信用债权,但该债权是以当地货币来计价的,也可能会给 ECA 带来更多困难。在一些进口国,ECA 可能无法将收回的款项兑换成外币并将其汇兑出境。因此,提供此类保险的 ECA,依赖于出口商的境外子公司积极参与向最终买方催收债权。ECA 明白此类卖方信用保险的不足之处,并试图通过设定出口商签发的保单条款,使得出口商负有责任推动其子公司向最终买方催收债权。

7.8　境外 ECA 提供给国内保险人的再保险

出口国 ECA 针对外国国内交易提供信用保险的另一种方法,是对该国国内保险公司进行再保险。在此类 ECA 保险中,进口国的国内保险公司,承保出口商子公司与最终买方之间的国内交易中的信用风险。该交易中的信用风险,可由获得进口国经营保险业务许可的国内保险公司承保。

该交易的下一步,是由出口国的 ECA 对进口国的保险公司进行再保险。ECA 通过对国内保险公司进行再保险,来接管大部分的信用风险,国内保险公司只保留一小部分信用风险在自己账面上。国内保险公司向境外子公司收取保险费,然后将再保险的保险费支付给 ECA。国内保险公司按照其承担的信用风险,保留相应比例的保险费,还可能会向 ECA 收取额外的一定金额的行政成本。

目前尚不清楚上述结构是否可以适用于所有的进口国,所以在达成保险和再保险交易之前,应该先进行调查。调查通常以取得法律意见的形式进行,这也使得交易成本更高,并有可能导致出口商境外子公司与最终买方之间的交易延迟。上述结构的另一个问题,可能是 ECA 与国内保险公司之间的保单条款差异。这种差异很难通过再保险合同消除。总体来说,该解决方案相对复杂、成本高且耗时长,一般不经常使用。

7.9 全球保险

跨国出口商有时会向 ECA 提出申请,请求对其从任一出口国到任一进口国的全球贸易中出现的所有信用风险进行承保。如果出口商母公司所在国的 ECA 向母公司签发全球保险保单,该保单通常并不违反外国规范保险业务的法律。全球保单可以承保集团内所有公司的信用损失,包括母公司及其子公司,且无论其注册在何处,只要是因他们的买方未支付信用款项而引起的任何损失。

全球信用风险承保的问题在于它不符合 ECA 保险的目的。出口信用保险的目的是支持本国的出口,而不包括母公司设立的子公司所在国的出口。在向境外买方出口销售货物或提供服务时,境外子公司可以在其注册国申请当地的 ECA 保险。母公司所在国的 ECA 一般不愿意签发此类全球保险保单，从而支持其他国家的出口。

7.10 出口商和境外子公司之间贸易的政治风险保险

ECA 不承担出口商与其境外子公司之间交易的信用风险，因为出口商控制着境外子公司，并可指示子公司支付其从出口商处收到的货物或服务的价款。ECA 通常根据出口商对境外子公司的持股比例，对“控制子公司”一词进行界定。一般而言，如果出口商持有子公司 50% 以上的股份，则表明该出口商控制着境外子公司。

但是，有时候由于交易双方无法控制的事件，出口商无法收到境外子公司的付款。这些是 ECA 保险通常承保的政治事件，该部分在本书第 3 章中已有表述。因此，部分 ECA 针对出口商与其境外子公司之间交易中的政治风险提供出口信用保险。该保险不包括商业风险，如境外子公司发生无力偿债或付款违约等。

8
买方信用保险

在讨论出口信用保险的语境下,买方信用指的是银行或其他贷方向境外买方提供贷款,用于从出口商处采购货物或服务。其与卖方信用不同,卖方信用指的是出口商和境外买方同意按照信用条件支付合同价款,而买方信用指的是境外买方从银行借款以在交货时向出口商付款。“买方信用”与“卖方信用”两个术语不同,因为在买方信用中,出口商(卖方)不是银行与境外买方之间贷款合同的一方当事人。

在签订贷款合同(通常称为贷款协议)时,境外买方扮演借款人的角色。然而,本书使用“境外买方”一词,而不使用“借款人”,有下述两个原因。第一,境外买方是一种特殊类别的借款人,因为他参与出口贸易,使贷款银行有资格获得出口信用保险。第二,银行向境外买方提供贷款的目的,是支付出口商与境外买方之间贸易合同中约定的价款。境外买方具有两种角色,且两种角色互相关联,既作为与出口商的贸易合同中的买方,又作为与银行的贷款协议中的借款人。

向境外买方提供贷款的银行知道,可能存在各种政治和商业风险阻碍境外买方偿还贷款,因此其愿意从出口国的出口信用机构(ECA)获取买方信用保险。(见图 8.1)签发保单的 ECA 向银行收取保险费,承保银行因境外买方不偿还贷款而受到的损失。

术语

> "买方信用保险"和"卖方信用保险"两个术语属于为数不多的国际公认的出口信用保险术语,当大部分 ECA 和出口信用保险用户在使用他们时,这些术语具有相同的含义。但是需要注意,本书在讨论其他类型的出口信用保险时,不同的 ECA 在提供相同种类的出口信用保险时,可能会使用不同的名称。因此,重要的是知道特定类型的出口信用保险的概念,以及其承保的内容,而不是仅依赖于一个简短的名称来进行判断。

ECA 承保的许多贷款交易属于中长期交易,还款期限为两年或两年以上。此外,针对中长期风险,ECA 通常会针对单独一笔交易中的风险,签发独立的买方信用保单。不过这类保险也可以用于短期信用风险,即还款期限少于两年的贷款。短期买方信用保险可以是一份保险承保一个风险,也可以是一份框架性保险承保多个风险。框架性保险在本书第 4 章中已详细讲述。

8.1 贷款目的和贷款支付

境外买方是两个合同的缔约方，即与出口商的贸易合同和与贷款银行的贷款合同。境外买方向银行借款的目的，是向出口商支付其购买货物或服务的合同价款。因此，贸易合同和贷款合同是相互关联的，银行在支付贷款时必须考虑贸易合同的某些条款。出于这个原因，银行在贷款合同中会限制贷款的用途，必须用来向出口商支付贸易合同的价款。境外买方不得将贷款用于任何其他目的，银行会严格控制这一点。银行通常在贷款协议中规定，在境外买方签字并提交协议要求的文件后，银行将直接向出口商支付贷款。这些文件称为验收证书，其中包含境外买方确认出口商已根据贸易合同完成了货物或服务的交付。

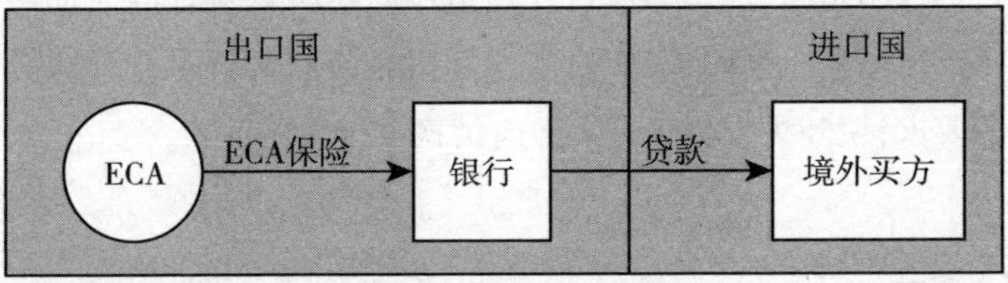

图 8.1 买方信用保险

由于 ECA 通过向银行提供买方信用保险来支持其本国出口，如上文所述，他们要求贷款银行直接向出口商支付贷款。这一要求是买方信用保险保单中的标准条款。此外，一些 ECA 规定，他们的买方信用保单是当出口商从银行收到付款时才生效。如果贷款银行违反上述要求而向境外买方支付贷款，并且境外买方未能向出口商支付该金额,则 ECA 不承担此类风险。这就是为什么银行严格控制贷款用途,仅能按照规定的目的使用。

术语

银行向出口商支付贷款也称为付款或提款。

8.2 贷款协议与贸易合同的分离

尽管贸易合同与贷款协议之间存在联系,但贷款银行将贷款协议中境外买方偿还贷款的义务,与贸易合同中可能出现的关于出口商履行合同义务的争议严格区分开。银行在贷款协议中制订了特殊分离条款,禁止境外买方因出口商违反贸易合同而推迟或暂停偿还贷款。因此,即使后来发现出口商的交货不符合贸易合同的要求,境外买方仍然有义务向贷款银行偿还贷款。

术语

在 ECA 的术语中,贷款协议中的分离条款有时被称为伊莎贝拉条款。

8.3　买方信用保险的限制

买方信用保险仅承保境外买方不偿还贷款的风险。ECA 承保的贷款通常包括本金和合同利息。境外买方的其他义务一般不在 ECA 的承保范围内,包括支付延迟付款利息的义务、违反贷款协议的损害赔偿义务以及类似的付款义务。此限制通常是买方信用保险保单中的标准条款。

8.4　提供中长期买方信用保险的 ECA 要求

经济合作与发展组织(OECD)《官方支持出口信贷的安排》加入国的 ECA,当为中长期贷款提供买方信用保险时,其贷款合同必须满足一些要求。此类保险的基本要求是,境外买方在信用起始日以前,必须至少支付出口合同价值的 15% 。"出口合同价值"一词与出口商和境外买方之间的贸易合同相关,也即指境外买方从银行贷款,用以向出口商支付价款的贸易合同。因此,境外买方必须向出口商支付合同价格的 15% 的预付款,以便从银行借入剩余 85% 的款项。受《安排》约束的 ECA,在提供中长期出口信用保险时,其可以承保的最高贷款额是合同价格的 85% 。

《安排》还规定,ECA 承保的贷款还款期限不得超过五年至十年。境外买方有义务以等额分期付款的方式,定期向出口商支付款项,相邻两笔分期款项的间隔时间不得超过六个月。第一笔还款不得晚于信用起始日后六个月内支付。利息按照付款时的未付金额计算。ECA 收取出口信用保险费的标准,不得低于《安排》规定的最低保险费率。

本书第 21 章将更加详细地分析《安排》的规定。在讨论《安排》时有一点非常重要,那就是《安排》仅适用于中长期买方信用交易,而不适用于短期买方信用交易。

8.5 ECA 提供买方信用保险的其他要求

在向贷款银行提供买方信用保险时,ECA 可能要求银行在贷款协议中包含一些条款。根据对特定贷款交易的风险评估,ECA 可能要求提供各种类型的担保,以确保贷款的偿还。ECA 还可能要求银行在贷款协议中包含各种约定事项条款,其中比较重要的是财务约定事项条款。财务约定事项条款,是贷款协议中向境外买方附加关于其流动资金、偿付能力和资本要求等义务的合同条款。

可能要求银行在贷款协议中包含的其他约定事项条款包括:消极保证条款,指禁止境外买方在未经贷款银行同意的情况下,在其资产上设立担保;比例平等条款,指境外买方在贷款协议下的付款义务与其所负的其他付款义务的清偿顺序平等;限制处置条款,指禁止或限制境外买方处置其全部或部分资产;其他条款。ECA 要求写入贷款协议中的约定事项条款的数量和范围,取决于 ECA 对境外买方不偿还贷款风险的评估(见图 8.2)。

经济合作与发展组织《安排》的基本要求 · 15%的预付款 · 最长还款期限为五年到十年 · 等额分期还款，相邻两笔的间隔时间不超过六个月 ECA特殊要求 · 担保 · 财务和其他约定事项

图 8.2 为中长期交易提供 ECA 保险的要求

通过要求将某些条款写入贷款协议,比在贸易合同项下提供卖方信用保险,ECA 可以更多地介入贷款合同。这部分取决于国际贷款协议本身的性质,比在各种贸易合同项下出口商与境外买方的关系,贷款协议项下银行对境外买方的控制力更强。

8.6 银行间贷款的买方信用保险

在两个银行都参与向境外买方提供贷款的情况下,ECA 也可能会提供保险。这种交易由两个贷款协议组成,一个是出口国银行向进口国银行提供贷款,另一个是进口国银行向境外买方提供贷款,用于从出口商处采购货物或服务。

买方信用保险由 ECA 向出口国银行提供,用以承保当地银行不偿还贷款的风险(见图 8.3)。两家银行之间的贷款协议,与进口国银行和境外买方之间的贷款协议,二者的还款事宜是完全独立的。因此,即使境外买方违约未向进口国银行偿还贷款,进口国银行也必须向出口国银行偿还贷款。由于 ECA 保险仅提供给当地银行,因此并不承保境外买方不向进口国银行偿还贷款的风险。

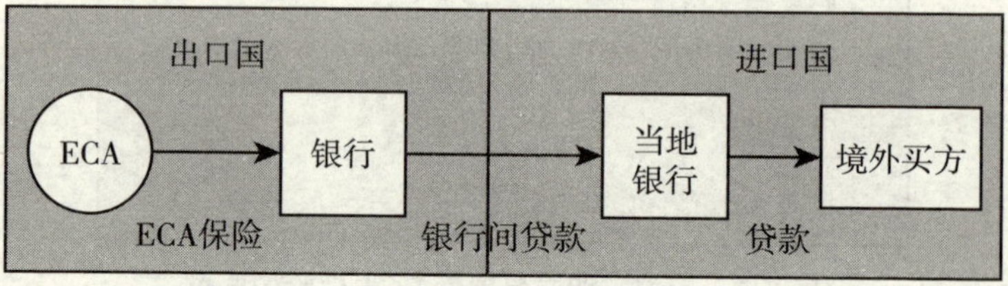

图 8.3　银行间贷款的买方信用保险

上述银行间借贷结构可能会基于以下几个原因来使用。进口国银行可能基于出口交易,而能够以较低的汇率从出口国银行借来外汇。在这种情况下,进口国银行和境外买方,可以通过让出口国银行参与交易来降低交易成本。

出口国银行可能因为无法评估境外买方偿还贷款的能力,而不愿向其提供贷款,反而更愿意贷款给进口国银行。进口国银行通常对当地情况了解更加充分,与境外买方关系更密切,并且愿意以银行间贷款的形式进行贷款交易。银行间借贷结构也可以因其他类似原因而使用。

8.7　向银团提供的买方信用保险

ECA 承保境外买方不偿还贷款的风险时,需要与出口国的银行以及跨国银行打交道。经常适用于出口信用交易的典型贷款结构,是一家银行作为贷方而境外买方作为借方。但是贷款交易也可以使用其他的结构形式。

出口信用交易涉及的金额一直在不断增大,即使已经有 ECA 承保不偿还贷款的风险,但银行仍可能不愿意向境外买方出借全部的贷款金额。尤其是在当贷款金额很大,且单一银行不想自己承担全部剩余风险的情况下。如本书第 4 章所述,剩余风险是指 ECA 没有承保的信用风险比例,通常是贷款金额的 5% 或 10% ,不过即使如此低的比例,也可能代表了一个很大的金额。当银行不能作为单一借款人时,其就会邀请其他银行参与到贷款中,通常是以银团贷款的形式。在银团贷款交易中,会有两家或更多的银行以同样的条件向境外买方提供贷款。每一家银团银行,都按照贷款金额的特定比例提供贷款。银团贷款交易一般由所有的当事人共同签订一份贷款协议。参与的银行数量取决于贷款总额,以及交易的复杂程度。其中一家银行会被指定为代理行或牵头行。通常由代理行负责为银团贷款中所有的信用风险申请 ECA 保险(见图 8.4)。

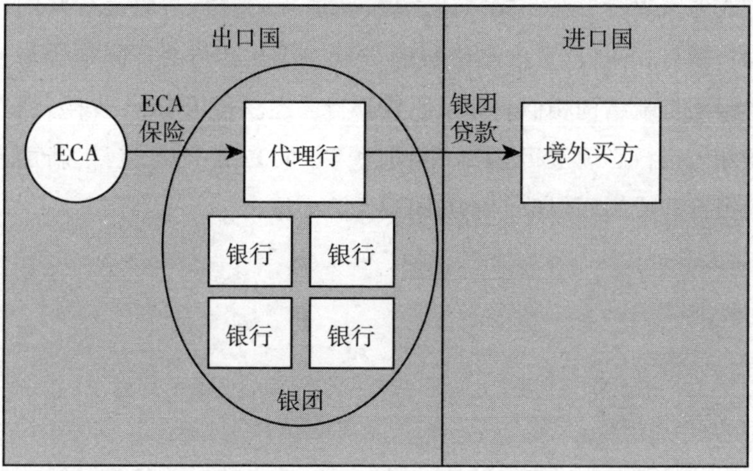

图 8.4 银团贷款的买方信用保险

只要银团中的银行都满足ECA对银行声誉、履行贷款义务和保单义务的能力的要求,ECA即可向这些银行提供买方信用保险。ECA一般会和代理行对接,这比跟同一笔交易中的多家银行一一对接更有实效。

ECA要求代理行提交授权书,证明其有权代表银团内的所有银行与ECA进行交易。在境外买方不偿还贷款的情况下,由代理行向ECA申请全部金额的索赔。在收到赔偿后,代理行将按照比例将款项转给银团中的各银行。

8.8 买方信用保险和贷款参与

银行也可能会参与已经开始的贷款交易。此类参与可以是在征得境外买方同意后,贷款行将一部分贷款额转让给新加入的一家或多家银行。在完成转让之后,新加入的银行与原银行共同作为贷款行,各自负责自己份额的贷款。贷款参与的合同结构与上述银团贷款结构相似。如果原贷款行已经获得了ECA保险,那么新加入银行必须征得ECA的同意。如果ECA同意交易,新加入的银行即成为原保单下的共同被保险人银行。

术语

“贷款参与”和“贷款次级参与”两个术语没有公认的法律定义，可能会出现混淆。“贷款参与”一词也包括下述的贷款次级参与的交易，这一点非常重要。

8.9 买方信用风险和有出资的贷款次级参与

在贷款次级参与交易中，次级参与行同意向贷款银行支付一定比例的贷款额，但是其并不成为贷款银行和境外买方已经签订的贷款协议中的贷方。次级参与行和贷款银行按照比例分享贷款还款金额（包括合同利息），并且需要承担境外买方不偿还贷款的风险。次级参与行不是贷款协议的当事人，其与境外买方没有任何合同关系。因此次级参与行无权要求境外买方偿还贷款，或对境外买方行使其他合同权利。

由于次级参与行不是贷款协议的当事人，其不能成为承保不偿还贷款风险的 ECA 保单项下的共同被保险人。这也是次级参与的一个缺点，因为当境外买方不还款时，只有被保险人贷款银行才有权获得 ECA 的赔偿。被保险人银行未获境外买方清偿的全部金额都可以得到 ECA 的赔偿，其中包括了次级参与行的份额。如果被保险人银行不把这部分从 ECA 得到的赔款转给次级参与行，次级参与行无权向 ECA 主张任何赔偿。次级参与行需要承担三种风险,即境外买方未按照贷款协议偿还贷款的风险、贷款银行收到境外买方定期偿还的回款后不向次级参与行支付的风险,以及贷款银行收到ECA支付的赔款后不向次级参与行按比例支付的风险。

如果贷款行将其ECA保单项下的权利按比例转让给次级参与行,次级参与行在与ECA的关系中地位会有所提高。转让之后,ECA将会承保次级参与行因境外买方不偿还贷款所造成的损失,次级参与行将有资格直接向ECA索赔。这样将消除贷款银行收到ECA支付的赔款后,不向次级参与行按比例支付的风险。上述解决办法还要求贷款银行在申请理赔时,需要将全部的未偿还贷款债权转让给ECA,因为次级参与行对境外买方并没有任何请求权,也就无法向ECA转让权利。这里的次级参与被称为"有出资的次级参与",因为次级参与行在加入次级参与合同时,需要向贷款银行支付一部分贷款金额。

8.10 买方信用保险和不出资的贷款次级参与

另一种形式的贷款次级参与交易称为"不出资的次级参与"。在该类交易中,次级参与行在加入次级参与协议时,不向贷款银行支付任何贷款。这一交易的结构一般是次级参与行向贷款行作出保证,就境外买方不偿还部分贷款额承担保证责任。作为提供保证的收益,次级参与行会向贷款银行收取一定费用,或分取一部分境外买方偿还的贷款利息。不过次级参与行无法分享偿还的贷款本金,因为其没有实际出资。

次级参与行的主要义务是当境外买方违约时,向贷款银行支付一定比例的金额。与出资的次级参与行一样,不出资的次级参与行与境外买方没有任何合同关系,也不能行使相关的合同权利。如果不出资的次级参与行是保证人,且 ECA 承保了境外买方不偿还贷款的风险,就会出现以下三个问题。首先,次级参与行不是贷款协议的当事人,也就不能成为 ECA 保单项下的被保险人。其次,ECA 可能会认为次级参与行的保证是对贷款偿还的担保措施,这会影响贷款银行向 ECA 申请理赔,因为大部分 ECA 都要求被保险人银行先向担保人主张担保责任,之后才能就贷款未获清偿的损失向 ECA 索赔。如果被保险人银行已经提出此主张,且次级参与行向贷款行支付了其担保的未偿还的贷款金额,ECA 可能认为次级参与行本身就是偿还贷款的担保人。因此,ECA 会相应地降低对贷款行的赔偿额,不再赔偿次级参与行已经支付的那部分款项。为了避免出现上述混淆,贷款行在申请出口信用保险时,就应当向 ECA 披露次级参与行的存在,并解释次级参与和担保之间的区别。最后,与上述出资的次级参与行一样,不出资的次级参与行对 ECA 也没有任何权利。然而,如果贷款行将其在 ECA 保单项下的权利部分转让给次级参与行,次级参与行在与 ECA 的关系中地位会有所提高。

8.11 跨国银行通过当地分支机构操作的买方信用保险

跨国银行有时候在向境外买方提供贷款时,会通过其在境外买方所在国注册的分支机构进行协商。为这种贷款申请买方信用保险时,一些跨国银行会要求ECA在保单文件中,需要包含贷款银行名称以及它在境外买方所在国注册的分支机构的名称。让跨国银行的当地分支机构参与ECA保险会引发很多问题,比如此类贷款交易是否会被认为属于在境外买方所在国发生的国内交易,以及为国内交易提供ECA保险,是否违反境外买方所在国关于保险业务的法律。如本书第7章所述,如果一家外国ECA,对境外买方与其本国的另一方达成的国内交易进行承保,这种行为在某些司法管辖区会被认定为是在境外买方所在国未经许可开展保险业务。

一般认为,在境外买方所在国注册的分支机构不是独立的法人实体,而只是跨国银行的组成部分或扩展。贷款协议的合同当事人是跨国银行和境外买方,而跨国银行并不是在境外买方所在国注册的,因此贷款协议是国际协议而非国内协议。因此国际贷款协议中的信用风险,可以由出口国的ECA承保,而不违反境外买方所在国的保险业务法律。ECA保单中出现跨国银行在境外的分支机构的名字,并不改变贷款协议的国际性特征。这一观点是基于合同法的一般原则,以及关于设立银行及其国外分支机构的法律。

不过,外国银行在当地的分支机构的法律地位,会随着时间而变化,现今在一些司法管辖区,这样的分支机构会被视为因特定目的而设立的独立法人实体,这些目的包括在无力偿债、破产、税务、发行证券等方面执行当地法律。外国银行的当地分支机构的法律地位在不停变化，其会因为某些目的被认定为法人实体，又会因为其他目的被认定为外国银行的非独立延伸，这种情况有时会被称为混合状态。当地分支机构的这种状态可能使上述问题的分析更加复杂化，从而导致在一些司法管辖区，对于此类既包含跨国银行又包含当地分支机构名称的贷款协议，应该是国内协议还是国际协议的问题的认定，存在一定的不确定性。作为结果，关于外国ECA承保国内合同的信用风险是否违反境外买方所在国的保险业务法律问题的认定，也存在不确定性。

此外，许多发达的金融市场正在加强其管理金融服务的法规，在分析这个问题时应该考虑这一点。这一改变可能会建立完全不同的标准，即在判断某一金融服务的发生地时，完全不考虑跨国银行的注册国。出口信用保险也是一项金融服务，因此需要紧跟此类地区的法律变化，以确定外国ECA是否被允许为有跨国银行当地分支机构参与协商的贷款协议提供保险。

解决上述问题并减少不确定性的最佳方法，是从ECA文件中删除跨国银行当地分支机构的名称。实际上，ECA只会与那些注册地及主要营业地都在境外买方所在国之外的银行进行交易，ECA的保单中应该反映二者事实上的关系。在ECA保单中加入当地分支机构的名字，并不会增加保险的效力或扩大对被保险人的跨国银行的承保范围。而在ECA保单中删除当地分支机构的名称，并不影响跨国银行以其认为合适的方式在银行内部组织交易。

9 其他类型的出口信用保险

出口信用机构(ECA)保险的最重要类型是卖方信用保险和买方信用保险,二者都承保境外买方未支付信用款项的风险。不过,出口商和银行还会遇到其他类型的和出口交易有关的风险,他们也会就此向ECA寻求获得保险。这些风险可能出现于出口交易的早期阶段,可能在交货日期之前,也可能在完成发货之后。为了支持本国的出口,许多ECA除了承保境外买方未支付信用款项的风险,还会承保其他几种类型的风险。此外,随着国际贸易的发展,为了满足出口商和银行的需求,ECA会为复杂的出口交易提供特别订制的保单。这些特别保单承保几种类型的风险。

以下是对几种ECA保险的介绍,包括针对出口商的生产损失保险、针对银行的装运前保险、合同保函和担保的保险、针对银行的关联保函和担保保险、针对出口商的背对背担保保险以及保兑信用证保险。这些只是ECA向出口商和银行提供的与出口交易有关的保险的几个例子,除此之外ECA还会对出口交易中的特定风险提供其他类别的保险。

术语

> 不同的 ECA 对相同或非常类似的保险会使用不同的名称。因此,重要的是理解各种类型保险的含义,以及其承保的风险类型,而不是仅依赖于特定保险的简短名称进行判断。

9.1 生产损失的保险

ECA 提供此类保险,用以承保出口商在签订贸易合同之后、向境外买方交付货物或服务之前可能发生的损失。这一阶段也称为生产期,此期限的长短取决于需要生产并交付给境外买方的货物或服务的性质。

与本书中分析的其他出口交易一样,在生产期内可能会出现各种政治或商业事件,从而导致出口商的工作中断或暂停。ECA 承保出口商因生产过程中断或暂停持续超过六个月以上而产生的损失。这是承保生产损失的两个基本要求,但有些 ECA 对贸易合同的中断或暂停还有额外的要求。通常情况下,ECA 不承保因出口商违反合同,而造成贸易合同中断或暂停所导致的生产损失。

如果出口商在生产期投入大量资金用于劳动力和材料,那么 ECA 所承保的生产损失会非常有用。如果贸易合同的履行或货物运输发生迟延或无法履行,出口商很难从境外买方处追回损失。

一些贸易合同规定,生产期内境外买方需要支付一部分合同价款来覆盖生产成本,并最大限度地减少出口商可能出现的生产损失。然而,并非所有境外买方都愿意接受此类付款条款,只有具有缔约优势地位的出口商,才可以通过这种方式保护自己免受生产损失。

在适用经济合作与发展组织(OECD)《官方支持出口信贷的安排》的情况下,出口商会具有较好的地位,因为《安排》要求买方支付合同价格的15%的预付款。预付款可能足以覆盖生产成本,但某些交易的生产成本会明显高于预付款金额。在这种情况下,获得ECA承保生产损失保险,可以为出口商免受此类损失提供适当的保护。ECA保险承保的生产损失范围取决于贸易合同中的交货条款,一些提供资本性货物或订制设备的交货期可能非常长。

9.2 生产损失的计算

生产损失的计算方法,不同于ECA保险项下卖方信用和买方信用中损失的计算方法。生产损失仅包括出口商承担的有效生产成本如劳动力成本和材料成本。而合同价格中所包含的交易利润通常不包括在此类ECA保险中。与承保其他类型损失的ECA保险一样,生产损失的最高额度也受ECA保单的限制。

在承保生产损失时,ECA不对引起出口商生产中断的政治事件和商业事件作出区分。在实践中,这意味着此类损失可以得到相同比例的保险,而不考虑引起损失的事件的性质是政治事件还是商业事件。

区分生产损失保险和卖方信用保险,重要的是从时间角度来审视这两种 ECA 保险。生产损失产生于向境外买方交付货物或服务之前,而境外买方未支付信用款项所造成的损失,产生于交付完成且境外买方有义务支付信用款项之后。

9.3　生产损失与卖方信用或买方信用联合的保险

生产损失 ECA 保险与卖方信用 ECA 保险可以联合起来。此种联合的例子,是以信用条件付款的提供特殊制成品的贸易合同。由于货物的特殊性,出口商在向境外买方交付货物之前需要时间进行生产。出口商可以投保生产损失保险,以承保生产期内因合同中断或暂停所造成的损失。

一旦完成货物交付,就会产生新的风险——境外买方未支付信用款项的风险。这种风险也可以由 ECA 以卖方信用保险的形式承保。通过对同一境外买方的同一份贸易合同风险,投保生产损失保险和卖方信用保险,出口商在贸易合同的所有阶段都可以受到保护。这两种类型的保险都包含在单独一份 ECA 保单中,通常称为联合保单。

还可以将出口商的生产损失保险和银行的买方信用保险联合起来,银行向境外买方提供贷款,用以向出口商支付合同价款。这种联合的例子,是出口商与境外买方之间采取交货付款的支付方式,但出口商在将货物交付之前需要时间来生产货物。出口商可以在生产期间获得 ECA 保险,以承保因贸易合同中断或暂停而造成的生产损失。由于在交付时需要支付全部合同价款,出口商无意获得任何其他类型的 ECA 保险。另一方面,境外买方不向银行偿还贷款的风险,也可以由承保生产损失保险的同一家 ECA 来承保。由于贸易合同和贷款合同是相关联的,ECA 可能会使用联合保险的方式同时承保两个合同。在这个例子中,保单是签发给出口商和银行的。出口商或银行经常会使用 ECA 联合保险,将生产损失风险与卖方信用风险或买方信用风险一并承保。其他类型的 ECA 保险也可能会发生联合。

9.4 对银行的装运前保险

对银行的装运前保险是向银行提供的,用以承保出口商不向银行偿还贷款的风险,此贷款指生产商为了生产出口货物或服务而向银行融资的贷款(见图 9.1)。向银行提供的装运前保险与其他类型的保险有所不同,其承保的是一个完全发生在出口国的交易,并不涉及进口国。出口商使用贷款资金以购买生产出口货物所需的材料、产品或服务。

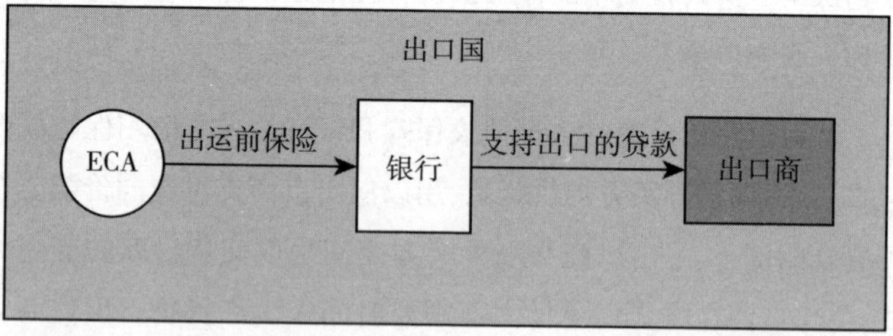

图 9.1 就银行向出口商贷款而向银行提供的 ECA 装运前保险

ECA 向银行提供装运前保险,因为银行并不总是愿意在出口货物或服务的生产期贷款给出口商,以提供运营资金。但是,如果这类贷款不能偿还的风险可以被 ECA 承保,银行就可能会改变态度。很多 ECA 都会通过提供此类保险来支持本国的出口,这对于中小型公司在生产出口货物或服务时特别重要。

这类 ECA 保险与境外买方及其支付出口货物合同价款的义务没有任何关系。装运前保险只与出口交易的早期阶段有关,其目的是促使出口商有能力生产出口货物或服务。如果出口商不偿还贷款,ECA 将赔偿贷款银行的损失,之后 ECA 将试图向出口商追偿损失。此追偿也发生在出口国,无须境外买方的参与。对此类保险而言,政治风险和商业风险的区分并不重要,因为 ECA 在此两种情况下提供同等比例的承保。

9.5 合同保函或保证的保险

ECA 向银行提供此类保险,以承保银行向境外买方签发并以其为受益人的合同保函或保证所造成的损失。ECA 要求签发合同保函或保证的银行,必须是基于出口商的请求,并与出口商与境外买方的贸易合同相关。在签发此类保函或保证时,银行要求出口商赔偿其因在保函或保证项下向境外买方所实际支付的金额。出口商向银行的赔偿责任一般称为“背对背担保”或“反担保”。

向银行签发背对背担保的出口商有可能发生无力偿债,无法赔偿银行在保函或保证项下向境外买方支付的金额。ECA 通过承保银行因未收到出口商的赔款而造成损失的方式,来承保此类风险。在向境外买方支付之后,银行需要先向出口商索赔,如果出口商不向银行赔偿,则银行有权向 ECA 申请理赔。在向 ECA 申请理赔时,银行应将其对出口商的赔偿请求权转让给 ECA。在对银行赔偿之后,ECA 将向出口商追偿已赔付金额。

9.6 公正和不公正的合同保函或保证履约请求的保险

合同保函或保证一般都是无条件和见索即付的,其目的是保护境外买方免受出口商违约的损害。如果出口商没有违反贸易合同,境外买方原则上不能提出保函或保证的履约请求,或是要求提供保证的银行支付款项。然而,由于无条件保函和保证的法律特征,无论出口商是否违反贸易合同,境外买方都可以提出保函或保证履约请求。在出口商发生违约时境外买方向银行提出保函或保证履约请求称为正当履约请求,而出口商没有发生违约时称为不公平、不正当或滥用履约请求。

对无条件见索即付保证提出正当或不正当的履约请求,二者之间的区别对于银行来说并不重要,因为不管其请求的原因是什么,银行都需要向境外买方支付。当应出口商的要求提供保函或保证时,银行会愿意投保 ECA 保险,来承保正当履约请求和不正当履约请求所引起的损失。很多 ECA 会提供此类保险,以承保银行在保函和保证项下支付而出口商又不予赔偿的任何款项。一些 ECA 仅承保不正当履约请求带来的损失。

此类 ECA 保单一般承保银行的损失比例为 80% ~90%，但 ECA 也可能会将承保比例降到更低，以便促使出口商能够积极与境外买方协商解决贸易合同履行中出现的问题，尽量避免出现合同保函或保证的履约请求。对保函或保证提出的正当或不正当履约请求的风险，既不是政治风险，也不是商业风险（定义见第 3 章）。它是由于出口商违反贸易合同，导致对保函或保证提出履约请求的风险，或是境外买方在没有正当理由的情况下，违约对保函或保证提出履约请求的风险（见图 9.2）。

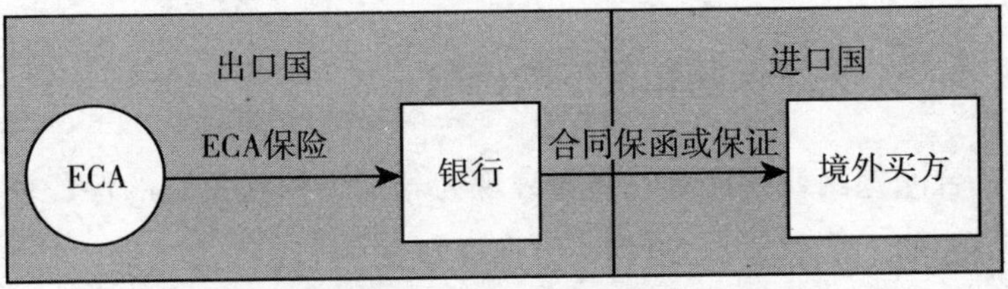

图 9.2　向银行提供的 ECA 合同保函或保证保险

合同保函的类型

> 向境外买方签发并以之为受益人的合同保函或保证的一些常见类型：
>
> 履约保函或保证，用以保证如果出口商未按照贸易合同的条款和条件交付或完成合同义务，则需向境外买方支付一定的金额；

预付款保证，用以保证如果出口商未能交付境外买方支付预付款的货物或服务，境外买方向出口商已支付的所有预付款将予以退还；

投标保函或保证，用以保证如果境外买方接受投标后，出口商没有与境外买方签订贸易合同，则保证向境外买方支付一定的金额。

9.7 关联保函和保证的保险

合同保函或保证有时候会表现为若干个相互关联的保证。此种结构的一个例子是，境外买方所在国的银行(称为当地银行)向境外买方签发保函和保证。反过来，当地银行从出口商所在国的银行再取得一个保证，也称为反担保。通过反担保，如果当地银行在保函或保证项下向境外买方支付了款项，出口国银行将承担向当地银行的赔偿责任。向当地银行提供反担保的出口国银行，会要求出口商提供另一种保证，常被称为背对背担保。在背对背担保项下，如果出口国银行向境外买方所在国当地银行支付了款项，出口商应向出口国银行支付相应款项。

承保合同保函或保证的 ECA 保险，是提供给出口国银行的，承保其对境外买方所在国当地银行的反担保责任(见图 9.3)。只有在出口国银行向出口商主张未得到赔偿时，ECA 才会向保单项下的出口国银行支付赔款。

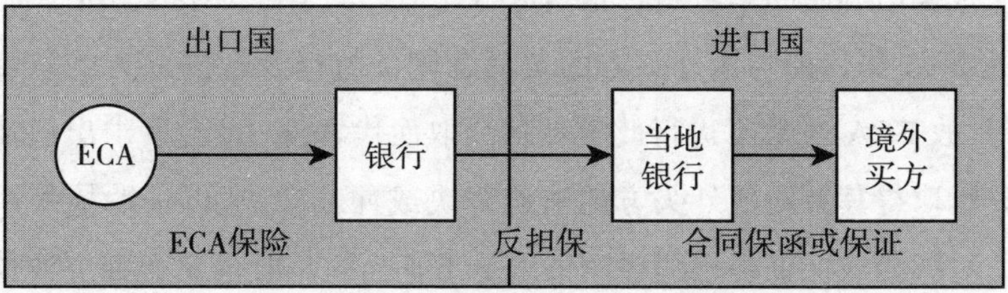

图 9.3　向银行提供的反担保 ECA 保险

9.8　向出口商提供的背对背担保的保险

向出口商提供的背对背担保的保险是 ECA 向出口商提供的，以承保当银行因境外买方提出不正当履约请求而支付款项时，出口商对银行的赔偿责任。当银行应出口商的要求对境外买方提供保函或保证之后，在银行被提出保函或保证的履约请求的情况下，银行会要求出口商承担赔偿责任。出口商向银行的赔偿责任称为背对背担保，其担保范围将保函或保证的正当履约请求和不正当履约请求二者都包含在内。

因为出口商会最终承担境外买方提出保函或保证履约请求的损失，出口商会投保 ECA 保险，但 ECA 保险仅能承保因不正当履约请求而需向银行赔偿所造成的损失。当境外买方对保函或保证提出正当履约请求之后，出口商因此向银行支付赔款的，出口商的损失是不包括在 ECA 承保范围之内的。因为此时境外买方对保函或保证提出履约请求，是出口商违反贸易合同而引起的。

此类 ECA 保险项下的理赔支付，需要对境外买方针对保函或保证提出的履约请求是否正当进行评估。但是因为很难评估所有的事实、出口商与境外买方的贸易合同条款以及合同双方的争议等,故ECA通常不进行此类评估。取而代之,ECA会要求出口商先行取得其针对境外买方的法院判决或仲裁裁决,以证明境外买方对保函或保证提出的履约请求是不正当的。取得此类判决或仲裁,需要经过一个耗时费力的程序,且结果胜负难料。在某些例外情况下,ECA会自行评估境外买方对保函或保证提出的履约请求,但只会在特殊情况下才这样做。

需要注意,向银行提供的合同保函或保证的ECA保险,与向出口商提供的背对背担保的ECA保险,二者的承保范围是不同的。向银行提供的保险,一般既承保正当履约请求也承保不正当履约请求,而向出口商提供的保险仅承保不正当履约请求。

9.9 保兑信用证保险

在讨论ECA的语境下,信用证是出口商和境外买方之间经常采用的凭单付款的一种付款方式。信用证交易涉及两家银行——开立信用证的境外买方的银行,以及出口国银行。出口国银行向出口商通知信用证,也会对信用证进行保兑。信用证保兑之后,出口国银行与开证行承担相同的义务,包括在满足所有信用证条款的情况下,向出口商凭单付款的义务。

当保兑行收到了信用证项下所要求的单据,其会检查单据,如果满足信用证条款的要求即进行支付。此后,保兑行将单据转交给开证行,并要求开证行向保兑行支付其已经向出口商支付的金额。在此交易下,保兑行承担了开证行可能不支付保兑信用证项下款项的风险。开证行不支付的风险可能会因政治或商业事件而发生,因此保兑行在保兑信用证之前,有意愿投保 ECA 保险来防范此类风险。很多 ECA 都为保兑行提供 ECA 保险,以承保开证行不支付保兑信用证的风险(见图 9.4)。此类 ECA 保险中的承保比例一般比卖方信用保险以及买方信用保险的承保比例更低。一些 ECA 仅赔偿保兑行因开证行不付款所造成损失的 50%。

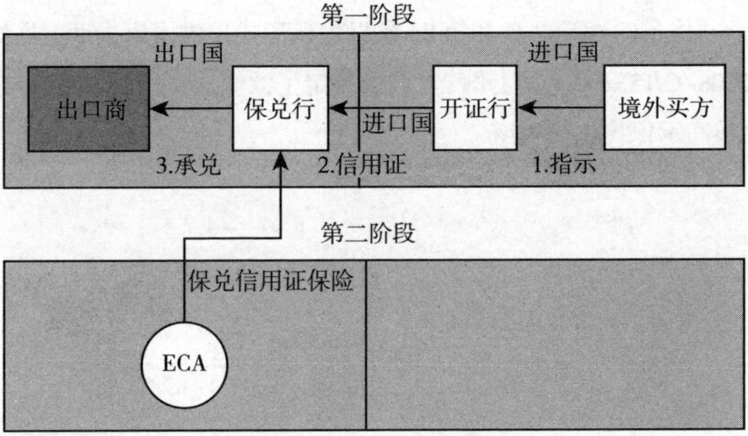

图 9.4　保兑信用证保险

出口商不参与此类向保兑行提供的 ECA 保险,因为出口商已经从保兑行收到支付款项,即使开证行不向保兑行进行支付,出口商也不会遭受损失。通过提供保兑信用证保险,ECA 间接地支持了本国的出口。如果没有保兑信用证保险,与开证行有关的政治风险和商业风险,可能会使得出口国银行不愿意对信用证进行保兑。ECA 明白,对于出口商来说,相较于境外买方所在国的银行,其与本国银行打交道会容易得多。因此,ECA 会提供此类保险。

9.10 OECD 和欧盟规则的应用

本书第 21 章分析的 OECD 和欧盟的法规,仅适用于生产损失保险,而不适用于合同保函或保证保险、关联保函和保证的保险、向出口商提供的背对背担保的保险、向银行提供的保兑信用证保险和装运前保险。在欧盟,这五种类型的保险由《委员会关于适用〈欧共体条约〉第 87 条和第 88 条以担保形式提供国家援助的通知(2008/C 155/02)》进行规范,其中规定了欧盟成员国的 ECA 保险的最高承保比例为 80%。

10 境外投资保险

出口信用机构(ECA)的境外投资保险,是指向投资者提供的承保其因在外国投资所造成的损失的保险或保证,包括因征收、国有化、战争、骚乱、内乱、资金汇兑限制和其他政治事件所导致的损失。投资合同的合同主体是投资者和投资接受者。接受者也叫作投资项目,可以是公司、企业或其他形式的商业实体。与投资者所在国不同,投资所在国或投资项目所在国称为东道国。ECA 的境外投资保险承保范围仅限于因政治事件造成的损失,而不包括无力偿债、破产或投资项目表现不佳等商业事件。

ECA 的境外投资保险与 ECA 的出口信用保险不同,因为与境外投资有关的风险不同于与出口信用交易有关的风险。出口信用更容易界定,因为 ECA 所承保的损失是以贸易或贷款合同项下未支付特定金额的形式出现。而境外投资是更复杂的交易,投资者所遭受的损失可能表现为多种形式,因为投资者期望从境外投资中,以不同的形式收回投资本金和收益;这些收益可以采取诸如股权、偿还投资贷款、商业活动利润、资产所有权等形式。

目前,对投资者在境外投资交易中可能产生的损失提供ECA保险,并无国际监管,这意味着不同ECA对此类保险的承保范围各不相同。同样,不同ECA在承保投资损失时,其所收取的保险费、保险期限和其他保单条款等也各不相同。ECA的境外投资保险是一个复杂的主题,需要一本单独的书来探讨。基于本书的目的,此内容仅在本章作简要分析。

相似的政治事件

> 在提供境外投资保险时,ECA所承保的政治事件与ECA在出口信用交易中所承保的政治事件相似,但不完全相同。

10.1 可能导致投资损失的政治事件

ECA在提供此类保险时,会对可能以各种方式导致境外投资损失的政治事件作出界定。以下对ECA经常承保的几类政治事件进行简要的概述。然而,下文的列举只是部分列举,不同ECA可能对相同的政治事件适用不同的定义,或者会承保额外的政治事件。不同ECA的标准条款中所包含的政治事件的定义,往往是复杂的,可能会包括很多以下概述没有分析的细节。

a. 征收、国有化及类似措施。

ECA 承保被保险人投资者因东道国政府实施的征收、国有化、没收或其他行动及措施所导致的境外投资的所有权、控制力或权利的减少或消灭而遭受的损失。东道国是投资发生地，与投资者所在国不同。

由于不可能预见和定义将来可能发生的所有政治事件，ECA 在此类保险中对政治事件的定义措辞非常宽泛。因此，很难确定东道国政府采取的个别措施，是否会以投资所有权减少或消灭的方式给投资者造成损失。现今，东道国政府很少直接将境外投资国有化或征收，他们可能会通过其他非公开针对境外投资的措施，来实现同样的效果。在分析东道国政府采取的措施时，重要的是确定它是否平等地适用于国内投资，而不是歧视性地仅仅针对境外投资。诸如账务或税收规范等平等适用于境外投资和国内投资的措施，不能归类为征用或类似的政治事件。

有一种被称为逐步征收的特定类型的政治事件，ECA 在此类保险中通常会承保因此而导致的损失。逐步征收指东道国政府长期采取的，用以减少或消灭境外投资所有权、控制力或权利的一系列行动或措施。这些措施可能采取的形式，包括逐步提高对利润的税率以使投资无利可图、增加利润或股息转移出东道国的障碍、逐步提高外国公司的财产税率或者强制要求增加当地股东的持股比例等。

b. 货币不可兑换、资金汇兑的禁止或延迟。

投资者期望能够收回其境外投资，并且相应款项可以自由地从东道国汇兑到投资者所在国。此外,境外投资通常以当地货币计收收入,在将资金汇兑出东道国之前必须将其兑换为硬通货。而货币兑换和资金汇兑出东道国,二者都可能因为东道国政府所采取的立法或行政措施,而导致发生禁止或延迟。ECA 通常可以承保由上述事件引起的投资者损失。一些 ECA 仅仅承保资金汇兑的禁止或延迟,而有些 ECA 对资金的不可兑换风险和汇兑风险,二者都予以承保。

在承保资金汇兑禁止或延迟的风险时,ECA 要求被保险人应先尝试汇兑,并需要将未能汇兑的资金存入独立的银行账户,与投资项目的银行账户分开。而对于当地货币不可兑换成硬通货的理赔申请,ECA 可能会要求采用相同的程序。

c. 战争、内乱和恐怖主义行为。

ECA 也承保因战争、内乱、恐怖主义行为和类似暴力行为所造成境外投资的损失、损害、破坏或灭失。这些事件可能在不对投资项目的资产造成任何物理损坏的情况下,导致投资项目业务暂时中断或项目永久无法运营。几乎所有的 ECA 都承保战争、内乱和恐怖主义行为造成的损失,但有些 ECA 的标准条款要求这些事件必须具有政治动机。

d. 政府违反合同。

投资者可能会与东道国政府或公共机构订立特许经营合同、电力采购合同等合同。如果政府或公共机构违反或否认合同,该违约行为可能导致投资者损失,表现为投资权利或控制力的丧失、投资价值损失或投资回款发生障碍或迟延。一些 ECA 只承保政府违反合同导致的此类损失，而其他 ECA 还会承保因东道国的国有企业违约造成的损失。

如果东道国政府违反或否认合同，一些 ECA 要求被保险人投资者启动与东道国政府所订立合同中约定的争议解决机制。该机制常常采取仲裁程序的形式，只有当仲裁裁决证明投资者对东道国政府享有权利时，投资者才能获得 ECA 的理赔。在获得有利于投资者的仲裁裁决后，并不把要求被保险人投资者申请执行裁决作为获得 ECA 理赔的条件。如果取得仲裁裁决，或是争议解决程序因东道国政府的干涉出现迟延，一些 ECA 会对投资者的损失进行理赔。

e. 政府违反无条件付款义务。

有时东道国政府同意以无条件支付的方式向境外投资者付款。例如，签发独立保函。由于该承诺的无条件属性，当境外投资者请求付款时，东道国政府无权对其付款义务提出异议。ECA 通常会承保政府违反无条件支付义务而导致投资者遭受损失的风险。

这种政治事件不同于东道国政府违反与投资者的合同。后一种情形下，政府可能不承认其付款义务，而是主张投资者先违反合同，政府的行为只是针对投资者违约的合同救济措施。这就是为什么 ECA 要求被保险人投资者必须先取得仲裁裁决，以证明其对东道国政府的权利。而当东道国政府违反无条件付款义务时，ECA 更容易评估投资者对政府的权利，并对投资者进行理赔。因此，在政府承担无条件付款义务的情况下，ECA 并不要求被保险人投资者先行取得仲裁裁决，以证明其享有权利。

f. 社会功能的不稳定或恶化。

东道国社会功能的不稳定或恶化可能会使投资者无法使用投资,而这可能像战争、内乱和恐怖主义行为一样导致损失。此类事件可能会导致投资无法收回,给投资者造成损失。一些 ECA 提供的境外投资保险,会承保此类事件给投资者造成的损失。

10.2 有资格获得保险的投资

在有资格获得 ECA 保险的境外投资中,最常见的两种类型分别是股权投资和贷款投资。股权投资,换言之即股本,可以是现金或实物形式的设备、机器、服务等。在股权投资中,境外投资者获得的是在投资项目公司或企业的股份。

ECA 经常承保的另一类投资,是境外投资者向投资项目提供的投资贷款。该贷款的目的不一定与 ECA 所在国的货物或服务出口有关,也不会导致投资者持有投资项目的股权。向投资项目提供的投资贷款可以来自股东投资者或者非股东投资者,这两种贷款都有资格获得 ECA 保险。此外,作为投资项目的股东,境外投资者因为提供股东保证而支出款项所遭受的损失,ECA 也可能会承保。该保证应当是针对投资项目的付款义务而作出的。

其他类型的投资,如技术支持和管理合同、资产证券化、资本市场债券发行、租赁、服务以及特许经营和许可协议,也可能会被一些 ECA 所承保。投资者可以同时在多个国家进行境外投资,从而组合成一个更大的跨境投资交易。即便是这种投资,也可能有资格获得 ECA 保险。

境外投资可以以新投资项目的形式,也可以以现有投资项目的扩张、现代化、改进或提升的形式进行。并购境外企业,包括国有企业的私有化,也可能被一些 ECA 所承保。

10.3　投资项目的法律地位

投资项目可能是投资者在东道国注册成立的当地子公司,也可能是不受投资者控制的公司或企业。有时投资项目以投资者公司内部的组织部分或组织单元的形式在东道国经营业务。虽然根据东道国的法律,这样的部分或单元不具有公司或企业的法律地位,但投资者公司以此种形式开展工作或经营业务,仍然会被 ECA 作为境外投资予以承保。

10.4　合格投资者

因为 ECA 为支持本国经济而设立,他们仅为其本国的投资者提供境外投资保险。通常来说,其他投资者并无资格获得此类 ECA 保险。当被保险人投资者打算将 ECA 保单转让给第三方时,该转让需征得 ECA 的同意。寻求 ECA 境外投资保险的投资者,通常是经注册的公司,但大多数 ECA 对投资者的公司形式和法律地位没有任何要求。

根据投资者所展现的其在东道国实施投资交易和开展业务的

能力，ECA 会对此进行评估，并据此决定投资者是否有获得 ECA 境外投资保险的资格。

10.5 最高承保金额

ECA 承保的最高损失金额，在承保境外投资损失的 ECA 保单中有明确说明。该金额也是被保险人投资者的投资价值。ECA 在保单中规定，其通常承保最高损失金额的 90% ~95%，但这一比例可能会更低。

ECA 保险可能将结构设计为，承保的投资最高损失额与承保的投资项目的利润损失分开计算。在这种交易中，利润损失可由同一保单承保，却为该类损失单独设置最高金额的限制。另外，也有 ECA 同时承保上述两种风险，ECA 保险的最高金额包含所有损失，而不再按各自类别单独区分。

10.6 承保比例和部分保险

对于出口信用保险及保证，大多数 ECA 均不会承保境外投资保单中规定的最高损失金额的 100%。被保险人投资者必须保留一小部分风险，称为保留风险或剩余风险，即 ECA 承保的最高金额的 5% ~10%。

境外投资损失的承保比例低于 100%，不同于出口信用风险的 ECA 保险，后者对于政治风险的承保比例通常为 100%。这是因为 ECA 期望被保险人投资者,能够比出口信用交易中的出口商或银行更加积极地避免发生损失。该种期望基于假设境外投资者通常与投资项目有更密切的业务关系,而且比起出口信用交易中的出口商和银行,其对东道国的当地情况更加了解。这应该可以使投资者能够在早期阶段尽量减少或避免投资损失。

一些 ECA 愿意提供境外投资的部分保险,即仅限于某些选定的政治事件或投资者要求的单一事件。但是,不同 ECA 在这方面的做法都有所不同。有些 ECA 仅仅提供全部保险,包括其标准条款中定义的所有政治事件,因为可能导致投资损失的政治事件有时难以相互区分,这导致被保险人投资者与 ECA 在确定某一特定事件是否属于 ECA 承保范围时,容易产生分歧。由于 ECA 对政治事件的定义使用较为宽泛的措辞,被保险人投资者和 ECA 以不同方式解释同一政治事件的风险相当大。为了避免与被保险人投资者发生争议,一些 ECA 仅提供其境外投资标准条款中规定的所有政治事件的保险。这些 ECA 不愿意提供仅承保特定事件的部分保险。

10.7 境外投资的保险期限

ECA 对境外投资的保险期限可能不尽相同。此种保险通常以年为单位签发,期限一年或几年,有些 ECA 可提供长达十年的长期保险。如果被保险人投资者和 ECA 同意,一年期的 ECA 保险可以自动续期相同的期限。

10.8 保险费

与 ECA 的出口信用保险的保险费不同,ECA 为境外投资提供 ECA 保险所收取的保险费不受国际监管。这意味着保险费是根据个案的具体情况计算的,考虑与东道国、行业、交易条件和境外投资类型等相关的风险而确定。ECA 收取的保险费应按年预付。如果投资者不支付保险费,ECA 将不会签发保单,或者即使已经签发,也不会生效或对 ECA 产生约束力。

10.9 等待期

ECA 会设置一个等待期,以确定一项投资损失或将资金汇兑出东道国的障碍,是暂时的还是永久的。不同 ECA 所设置的等待期在三个月到六个月不等。如果投资因为战争或类似事件而遭到明显的损害或破坏,则不适用等待期的规定。

10.10 索赔权转让

作为被保险人投资者就其投资损失获得 ECA 理赔的条件,被保险人投资者必须将其对东道国的索赔权转让给 ECA。如果有针对被保险人投资者及所转让损害索赔权的担保,也应当一并转让给 ECA。

10.11　赔偿

赔偿是指 ECA 向被保险人投资者支付因 ECA 承保的政治事件所造成的投资损失的赔款。ECA 可能采用不同方法计算各类投资的损失。股权形式投资比贷款形式投资的计算方法更为复杂。下文将就一些 ECA 在计算各类投资损失赔款时所采用的方法,进行简要介绍。

在计算以股权形式进行投资的损失赔款时,应当扣减投资股权的票面价值或账面净值,这在 ECA 标准条款中被定义为应扣除额。应扣除额的一个例子是投资者通过实现担保而收回的金额。另一个例子是如果投资尚未全损,则投资的剩余价值应当被扣除。在这种情况下,不同 ECA 所使用的计算投资的剩余价值的方法,可能有所差异。有时东道国政府同意补偿被保险人投资者的投资损失,但这种补偿金额并不能弥补投资者的全部损失。ECA 在计算赔偿金额时,东道国政府就被保险人的损失所支付的补偿金额,需要计入应扣除额。上述示例只是部分列举,各家 ECA 所适用的应扣除额可能还包括其他情形。

在发生战争、内乱和恐怖主义行为等事件,从而导致投资项目的资产遭到物理破坏或损害的情况下,赔偿范围通常包括更换资产或修复资产的费用。当资产不被更换或修复时,赔偿金额按照资产的票面价值或账面净值来计算。

当因货币不可兑换,或资金汇兑的禁止或延迟造成损失时,赔偿金额包括未兑换或未汇兑的本金和应计利息。但延迟付款利息不包括在此类 ECA 的保险范围之内。如无相反约定,ECA 将以硬通货向被保险人投资者支付赔款。

当东道国政府违反合同造成损失时,也采用相同的计算方法。即便在这种情况下,被保险人投资者也将获得未付本金和应计利息的赔款。如果东道国政府对被保险人的付款索赔提出异议,在被保险人获得仲裁裁决或法院判决证明其权利后,ECA 将依据仲裁裁决或法院判决向投资者支付赔款。

对于因政府违反无条件付款义务引起的投资损失,ECA 也将向被保险人投资者支付未付本金和应计利息的赔款。对于贷款投资的投资项目中不偿还贷款的赔偿,也采用相同的计算方法。

10.12 被保险人投资者的义务

在承保境外投资损失时,ECA 在保单中采用各种标准条款规范被保险人投资者的义务。篇幅所限,这里无法对这些标准条款进行详细的分析。但应当说明,ECA 承保出口信用的一些基本原则,也同样适用于 ECA 对境外投资的承保。

在被保险人投资者的义务中,最重要的是其有义务将任何可能导致损失发生的事件,以及 ECA 所承保风险增加的情况,及时通知 ECA。对这些情况的早期预警,使 ECA 有可能及时采取行动以避免或减少损失。被保险人投资者负有避免或减少损失,以及为实现此目的而就采取合适的行动与 ECA 进行磋商的一般义务。

未经 ECA 的同意,被保险人投资者不得将 ECA 保单转让给第三方。修改境外投资合同条款和放弃被保险人合同项下的权利,同样也需要征得 ECA 的同意。

双边投资协定

许多国家达成双边条款,一个国家的公司或个人可基于此类条款在另一个国家投资。此类协议以双边投资协定(BIT)的形式签订,是两个国家签订的国际条约。双边投资协定可以约定多种问题,包括规定外国投资者将与投资有关的资金汇兑出东道国的权利;要求东道国在对投资项目的资产实施征用或国有化的情况下遵守国际法;要求在投资者与东道国之间发生争议时接受国际仲裁等。

ECA 的境外投资保险与 ECA 所在国和东道国之间的双边投资协定,没有关联或依赖关系。ECA 保险是 ECA 与投资者之间的独立交易,无论 ECA 所在国与东道国之间是否存在双边投资协定,它都可以适用于发生在任何外国的境外投资。

11 出口信用机构直接贷款

出口信用机构(ECA)直接贷款,是与ECA保险不同的特殊交易。ECA直接贷款是ECA向境外买方提供的,用以从ECA所在国采购商品或服务的贷款。在提供直接贷款时,ECA作为贷款方,而境外买方则作为借款方。如本书第8章所述,ECA与境外买方之间的贷款交易,类似于银行与境外买方之间的贷款交易。ECA直接贷款不是本书的主要内容,故仅限于在本章之内,就ECA直接贷款的主要特征展开简要分析。

由于ECA的组织形式多种多样,在一些国家,直接贷款由提供ECA保险的同一个ECA提供;而在其他国家,则建立了两个彼此独立的ECA,分别用于提供保险和直接贷款。

11.1 直接贷款的目的

ECA直接贷款的主要目的是支持本国出口。当商业银行不愿意或不能向境外买方提供贷款时,ECA的直接贷款是重要的补充资金来源。ECA 不是私人资金来源的替代者,也不与商业银行竞争。

ECA 直接贷款的另一个重要目的,是抵销其他出口国提供出口信用补贴对支持本国出口的影响。这些补贴表现为,在 ECA 与境外买方的直接贷款协议中,采用优惠利率和较长的还款期限。此种有利的贷款条件,使得来自补贴国的货物或服务对境外买方的吸引力,大于那些来自没有补贴的出口国的相同货物或服务。来自经济合作与发展组织(OECD)《官方支持出口信贷的安排》加入国的 ECA 和自愿适用该《安排》的其他出口国的 ECA,不得通过补贴其出口来相互竞争。当来自这些国家的 ECA 向境外买方提供直接贷款时,他们所提供的贷款条件,在一定程度上可以被允许与补贴国 ECA 所提供的贷款条款相匹配。

一些 ECA 在出口货物或服务的生产期,向本国出口商提供贷款以用作运营资金。该类型的贷款通常由银行提供并由 ECA 承保,本书第 9 章已就此单独进行了讲述。

11.2 直接贷款的误解

由于 ECA 的业务对于许多国际贸易参与者来说都相对陌生,因此对 ECA 向境外买方提供直接贷款的条款存在一些误解。一种误解是所有 ECA 都通过低利率贷款补贴其本国出口。但对于《安排》加入国的 ECA 来说,因为他们适用的利率不能低于最低水平,所以上述情形是不可能的。

另一种误解是，所有 ECA 直接贷款的还款期限都很长，对境外买方有利。事实上，ECA 直接贷款在这一方面也受到国际监管，遵守《安排》的 ECA 不能自由地制定超过规定还款期限的条款。

11.3 直接贷款的国际规则

《安排》加入国的 ECA，必须遵守《安排》关于 ECA 向境外买方提供直接贷款的条款的规定。因此，对于不符合《安排》规定的还款期限和利率的条款，ECA 是无法同意的。以下是对签发 ECA 保险时适用的主要《安排》条款的简短说明，本书第 21 章将对此进行更详细地讲述：

a.《安排》适用于还款期限为两年或两年以上的 ECA 直接贷款。

b.《安排》对于提供 ECA 直接贷款的基本要求，是境外买方必须在信用起始日以前，支付不少于出口合同价值 15% 的预付款。预付款是境外买方提前向出口商支付的出口合同总价的一部分，作为证明其履行合同的保证。由于《安排》要求预付款不少于 15%，剩余的出口合同价值，即 85% 的部分，可由 ECA 直接贷款提供资金。

所谓 ECA 直接贷款占 85% 比例的“出口合同价值”，其中包括第三国提供的价值，但不包括当地费用。第 21 章将对“出口合同价值”、“当地费用”和“信用起始日”这些术语做详细解释。

c.《安排》规定,ECA 直接贷款的最长还款期限为五年或十年。采用二者中的哪一种期限,取决于对境外买方所在国的分类,即第Ⅰ类还是第Ⅱ类。分到第Ⅰ类的国家是世界银行等级名单中的国家,而其他所有国家则属于第Ⅱ类。如果境外买方来自第Ⅰ类国家,则 ECA 直接贷款的最长还款期限为五年;如果来自第Ⅱ类国家,则最长还款期限为十年。

d. ECA 直接贷款的本金总额必须等额分期偿还,但相邻两笔的间隔时间不超过六个月。第一期本息必须在信用起始日后六个月内支付。

上文是对《安排》中所使用的一些基本术语的简短描述,《安排》还包含其他许多规定,本书并未展开分析。《安排》中还有特别部分,称为“行业谅解”,包括与官方支持的船舶、核电站、民用飞机、可再生能源以及水利工程的出口有关的规定。本书亦不对这些行业谅解进行分析。

作为直接贷款人或 ECA 保险的提供者,《安排》加入国的 ECA 有义务遵守关于打击贿赂外国官员的国际条约、环境和社会影响的规章以及其他国际文件。这些文件将在本书第 22 章中讲述。

11.4　直接贷款的最低利率

当 ECA 作为贷款人向境外买方提供固定利率贷款时,利率不能低于《安排》规定的最低利率。该最低利率即商业参考利率

(CIRR),是主要 OECD 国家的特定货币利率组合。大多数 CIRR 基于五年期政府债券收益率来确定,或根据还款期限的长短而基于三年、五年或七年期债券收益率来确定。CIRR 每月调整一次,以便反映商业利率。

适用 CIRR 的一个优点是,ECA 可以向申请人提供适用于 ECA 直接贷款的特定利率。ECA 要约的承诺期限为 120 天。在收到 ECA 要约后,ECA 直接贷款的申请人就可以获知 ECA 直接贷款的特定利率,以便在承诺期限的剩余时间内决定是否进行交易。

在签署贸易合同之前,申请人应向 ECA 提交适用 CIRR 的 ECA 直接贷款的申请。银行和出口商均可以申请适用 CIRR 的 ECA 直接贷款。

但是 CIRR 对于出口商、银行或境外买方来说,并非总是最佳的解决方案。由于各种市场因素的存在,CIRR 可能会高于市场利率。因此,当一项交易需要申请 ECA 直接贷款融资时,有必要分析何种解决方案对于申请人以及其他参与者最为适合。除了 CIRR,ECA 也可能同意按照市场利率向境外买方提供直接贷款。

11.5 直接贷款的申请和要约

ECA 直接贷款的流程是紧随着基础贸易交易的谈判和确定过程的。此流程通常分为三个阶段——申请、要约和签订贷款协议。将流程构建为三个阶段是有必要的,因为需要 ECA 直接贷款的一些贸易交易,可能会花费很长时间才能完成谈判和确定。

ECA 通常为 ECA 直接贷款提供申请表,这些申请表中包含有关贸易交易的问题,以及用来评估是否可以向申请人提供 ECA 直接贷款所需的其他问题。在签署贸易合同之前,必须将 ECA 直接贷款的申请表先行提交给 ECA。

如果愿意提供直接贷款,ECA 将向申请人发出要约。ECA 发出的直接贷款要约,可能包含为偿还贷款而提供担保的要求、贷款协议中须包含的其他特定条款以及其他要求。要约通常会载明承诺期限。在此期限内,该要约对 ECA 具有约束力,申请人可以在此期间完成谈判、与境外买方签订合同以及接受 ECA 的要约。

申请人一旦接受要约,一些 ECA 将提供直接贷款,而无须银行或出口商的参与。在此类交易中,ECA 直接与境外买方协商条款并签订贷款协议。

11.6 由银行安排的直接贷款

当 ECA 直接贷款的申请人是银行时,交易包括若干个阶段。第一个阶段中,银行与境外买方协商提供贷款以从 ECA 所在国购买货物或服务,并向 ECA 申请直接贷款。ECA 向银行发出要约,允许银行与境外买方签订贷款协议。银行提供贷款协议文件,以及为了能够在其后阶段中将贷款协议转让给 ECA 而所需的所有其他文件。签署完贷款协议后,银行将接受 ECA 直接贷款的要约。

当银行收到 ECA 贷款金额时,银行仍然作为贷款人,根据贷款协议向境外买方支付该金额。如本书第 8 章所述，银行会在其贷款协议中载明，贷款金额将支付给向境外买方出售货物或服务的出口商。该付款需依据境外买方所签发的，证明出口商已经按照贸易合同完成交付的证明文件而进行。银行和 ECA 采用这种方式支付贷款，以确保其用于贷款的预期目的。

在支付贷款后，银行将贷款协议转让给 ECA，ECA 替代银行成为境外买方的贷款人。完成转让后，银行有时仍会作为代理人继续代表 ECA 管理贷款。由于 ECA 成为境外买方的贷款人，境外买方有义务向 ECA 偿还贷款。在安排此类交易时，一些 ECA 要求银行承担贷款协议和其他贷款文件的文件风险。本书第 3 章解释了 ECA 对文件风险的排除承保。

ECA 直接贷款通常由银行起草文件，随后再转让给 ECA。因此，ECA 直接贷款的文件，也同样使用银行经常适用的国际贷款协议的标准文件。该文件包含多种条款，如陈述和保证、财务和其他约定事项、违约事件、适用法律和管辖条款等。但是，当发出 ECA 直接贷款的要约时，ECA 可能要求银行在贷款协议中设置特定合同条款或要求提供偿还贷款的担保。

11.7 由出口商安排的直接贷款

当 ECA 直接贷款是由出口商来安排时，与由银行安排的贷款的流程相类似，但不完全相同。在此类交易中，出口商在与境外买方协商贸易合同的同时，会向 ECA 申请直接贷款，且贸易合同必须采用信用条款支付。如果ECA发出提供贷款的要约,出口商才可以与境外买方签订贸易合同。

签订贸易合同后,ECA可以直接与境外买方签订贷款协议,或者出口商可以将其向境外买方的信用债权转让给ECA。大多数ECA不会选择取代出口商作为贸易合同中的合同方,因为ECA无法履行出口商在贸易合同项下可能需要承担的义务。例如,维护交付的设备、提供备件等。在ECA与境外买方签订直接贷款协议或者将对境外买方的信用债权转让给ECA后,出口商将从ECA处收到折价后的债权金额。

在交易完成后,ECA成为境外买方的债权人,境外买方应将信用款项支付给ECA。从ECA处收到折价后的债权金额后,出口商不再是境外买方的债权人。用于此类交易的文件是ECA与境外买方之间的贷款协议,或者是出口商向ECA转让信用债权的转让文件。

某些交易中,境外买方应以本票或汇票的形式支付货款,出口商将此类票据转让给ECA,即完成了债权的转让。本书第6章已详细讲述了此类交易。

11.8 ECA对银行和出口商的追偿

当银行或出口商与ECA达成交易,将贷款协议或信用债权转让给ECA时,ECA可能要求银行或出口商赋予其追索权。银行与境外买方之间的贷款协议由银行起草并转让给ECA,当贷款协议被证明为非法、无效或无法执行时，则可以适用追索权。例如，因银行未能提供适当的贷款文件，导致境外买方不偿还贷款。在此情况下，银行将赔偿 ECA 因此受到的损失。ECA 与出口商之间通常也会约定类似的追索权，以免境外买方主张出口商违反贸易合同而拒绝支付信用款项，以及出口商谈判和起草的贸易合同被证明是非法、无效或无法执行的。

11.9 信用风险的保险费收取

ECA 提供直接贷款时出现的另一个问题，是对信用风险收取保险费。ECA 在提供保险以承保信用风险时会收取保险费，即使 ECA 充当直接贷款人的情况下，也可以收取保险费，因为 ECA 将承担因境外买方未支付信用款项而造成的最终损失。有些国家由两个 ECA 分别提供直接贷款和 ECA 保险，作为直接贷款人的 ECA 将要求银行或出口商在进行直接贷款交易之前，需从另一个 ECA 处获得出口信用保险。与贷款协议的转让相关联，提供保险的 ECA 可以向贷款人 ECA 签发新的保单，或者银行可以将 ECA 保单项下的权利转让给贷款人 ECA。在 ECA 提供直接贷款而没有商业银行参与的情况下，作为直接贷款人的 ECA，也可能直接从另一个 ECA 处获得出口信用保险。

11.10 约束性援助

即便约束性援助并非本书的主题，但约束性援助仍然很重要。

“约束性援助”一词用于描述援助国政府向外国政府提供援助，且必须用于从援助国的出口商处采购货物或服务。约束性援助也受《安排》的国际监管。作为一项特殊安排，约束性援助通常也会有援助国的援助机构参与。但是，约束性援助并不是最常用的出口交易类型之一，因此本书并未将其纳入进来。

第三部分

程　　序

12 申请、要约、保单

出口信用机构(ECA)提供保险的进程,是随着其所承保的贸易或贷款合同的谈判和签订过程而进行的。为单个交易提供ECA 保险分为三个步骤,即申请、ECA 发出要约、签发 ECA 保单。不同的 ECA 还可能就这几个阶段使用另一套术语来表述:提案、初步承诺和最终承诺。如本书第 4 章所述的提供框架性保险,与下文介绍的签发单个保单的程序是不同的。

术语

> 一些 ECA 会把保单称为保证、最终承诺或保险。这些术语都可以使用,而本书所选择的术语仅是为了简便起见。

一些 ECA 会使用启动程序,包括需要签发一份叫作意向书的文件。当出口商或银行开始与潜在境外买方进行谈判时,ECA 会向其签发意向书。意向书是一个简要的、初步的、非正式的声明,表明与特定境外买方的交易中的信用风险有可能被 ECA 承保。意向书中有时还会预估 ECA 所收取的保险费，是根据出口商或银行提供的简短信息而计算出来的。意向书没有法律约束力，也就是说 ECA 并没有义务承保意向书项下的交易。

ECA 处理承保申请的工作量以及时间，取决于被承保交易的复杂性，以及出口商或银行与潜在境外买方的配合程度。对于正在与境外买方谈判的出口商或银行来说，知道出口国的 ECA 是否同意承保交易的信用风险非常重要。因此，在交易仍然处于谈判阶段，尚未签订贸易合同或贷款合同的时候，ECA 就有必要通知出口商或银行是否同意承保。如果在签订合同之后再申请 ECA 保险，一旦 ECA 决定不承保合同信用风险，可能会给出口商或银行造成一定的困难。通过发出要约，ECA 向出口商或银行承诺，如果与境外买方的交易达成并签订合同，ECA 就会提供保险。ECA 要约会载明承保交易信用风险的相关条款，包括 ECA 将收取的保险费。

当贸易或贷款合同签订之后，出口商或银行会请求签发 ECA 保单。在支付保险费之后，保单即从保险文件中载明的日期开始生效。在保单签发之后，出口商或银行一般被称为被保险人。

在实践中，经常会发生 ECA 已经发出要约，但交易因为某些原因而最终未能完成。在这种情况下，ECA 发出的要约将会因过期而失效或者被出口商或银行取消。

12.1 申请提供保险

出口商或银行提交获取 ECA 保险的书面申请，是程序的第一步。为了让程序更加方便出口商或银行使用，很多 ECA 会在自己的网站上提供申请表格。通过回答申请表中的问题，申请人向 ECA 提供需要承保交易的详细信息。对于 ECA 来说，使用申请表更具有实操性，因为这样可以使得 ECA 在工作的早期阶段，就能够收到基础贸易或贷款合同的完整信息。一些 ECA 在网站上提供了在线申请 ECA 保险的功能。

ECA 申请表中，包含了关于需要承保的贸易或贷款合同的相关问题，以及关于境外买方的相关问题。ECA 会要求提供一些信息，比如签订贸易或贷款合同的日期或预计日期、合同计价货币、付款条件、对信用支付的可能的担保、出口商履行合同义务（如开始工作、运货、安装与调试设备或其他贸易合同义务）的日期等。ECA 还会要求提供关于出口货物或服务中的外国成分的信息，以及关于出口商公司与境外买方公司之间在所有权方面的关系的信息。

ECA 希望申请人可以在交易的谈判阶段提交申请，即在货物发运或服务履行之前，以及在贸易或贷款合同签订之前。申请表通常包含一份声明，表明申请人已在申请表中真实说明了所有重要事实，该声明需要有申请公司的授权签字人签字。

除了申请表之外，申请人通常还需要向 ECA 提交其他文件，例如境外买方在过去两年至三年内的审计财务报表,有时还要提供申请保险当年的中期财务报表。ECA使用这些文件来评估境外买方支付信用款项的能力。

如果ECA不了解申请人,可能会要求申请人提供关于其注册信息、财务状况、从业经验、公司管理经验等方面的文件和信息。这些文件是用来评估申请人是否有能力履行其与境外买方的贸易合同项下义务的必要材料。

在向银行提供保险时,ECA通常要求提供一份出口商证明。通过提供此文件,出口商证明境外买方将向其采购货物或服务,且境外买方将使用贷款进行支付。要求出口商出具证明,是因为只有在贷款是用于从ECA所在国采购货物或服务时,ECA才会承保银行与境外买方之间的贷款交易。否则,贷款交易没有资格获得ECA保险。

许多ECA还会要求申请人签署一份关于反贿赂和反洗钱的单独声明,并将其附在申请上。该声明包括一项陈述,以保证申请人及其雇员均未参与任何腐败行为,且保险项下的贸易或贷款交易不会用于洗钱。该声明对于来自已经批准经济合作与发展组织(OECD)《关于打击国际商业交易中贿赂外国公职人员行为的国际公约》的国家的ECA尤为重要。该公约在第22章中详细介绍。

ECA为不同类型的ECA保险提供不同的申请表。例如,短期交易的框架性保险、单个短期交易保险、出口商的中长期保险、贷款人的中长期保险、信用证保险、境外投资保险、装运前保险等。ECA提供的申请表格非常全面,包含申请人需要回答的问题,以及需要签署的一些声明。

ECA通常需要申请人提供一些关于所承保交易的额外信息。一般来说,在提交正式申请之后,需要申请人和ECA之间保持持续沟通,以便调整基础交易至符合ECA的标准条款,以及ECA需要遵守的国际规则。在这个阶段,申请人会询问ECA签发保单所收取保险费的金额和条件。ECA会就保险费金额进行预估报价,但会根据其对信用风险的评估,以及因申请人和境外买方的谈判而导致交易条款的修改,来调整确定最终报价。

提交给ECA的申请并不具有约束力,申请人可以撤回申请。ECA知道与境外买方达成一项交易是一个费力的过程,申请人可能会多次修改交易条款,并向ECA通知修改情况。ECA在处理申请时,必须了解并考虑上述修改情况。

当ECA收到必要的信息后,其将评估相关的贸易或贷款交易中的信用风险、计算保险费,并决定是否承保特定信用风险以及承保的条件。一些ECA会收取处理申请的费用,但费用不高,且在某些情况下费用可退还。

12.2 签发ECA保单的要约

在评估信用风险并分析交易条款后,ECA将决定是否承保特定的信用风险。相关决定可以由ECA内部的不同权限层级作出,取决于承保的信用额度、风险类别、投保的保险类型等。处理申请的ECA工作人员通常被称为核保人,他们处理申请的工作称为核保。核保人会被授权在限定额度的范围内签发ECA保单,更高金额的保单签发将由ECA内部的董事会、委员会或其他类似机构作出。

当ECA决定承保某项风险时,会向申请人发出要约。要约中包含将来ECA保单的所有条款,以及申请人需要支付的保险费金额。一些ECA要求在贸易或贷款合同中,需要包含针对境外买方信用付款的担保条款或其他特定条款。这些要求在要约中会作为ECA承保的条件。发出ECA要约是程序中最重要的一个阶段,因为它使得申请人能够与境外买方缔结贸易或贷款合同。签订的合同应当与在申请阶段向ECA披露的合同条款一致。ECA的要约是在特定期间内具有约束力的单方文件。在此期间内,除了要约中规定的理由外,ECA不能撤回或修改要约。ECA可以撤回要约的理由,包括信用款项未支付的风险大幅增加。发出要约之后风险增加的情况,将在本书第23章中详细讲述。

只要ECA在发出要约前所评估的风险没有发生改变,ECA要约的有效期通常为六个月。如果申请人需要额外时间来达成贸易或贷款交易,ECA可能会在要约中载明延长有效期。很多ECA会因延长有效期而收取费用,不过如果要约被接受且保单成功签发,这一费用可以退回。如果在要约的有效期到期前申请人未要求签发保单,则要约就会失效,不再对ECA具有约束力。

有时申请人会要求ECA修改已经发出的要约,因为在要约发出后,其与境外买方商定的合同有所修改。申请人可能要求修改要约条款,比如有关信用款项支付、提供担保、合同义务的履行日期、开始工作的日期、货物运输的日期、发货数量条款等。贷款协议条款也可能以类似的方式修改。在复杂交易中，申请人与境外买方的合同最终确定之前，可能会多次修改 ECA 要约。

当贸易或贷款合同条款的修改不能被 ECA 接受时，则 ECA 没有义务发出新的要约。ECA 可能认为修改的条款虽然可以接受，但是风险增加了，这可能导致收取更高的保险费。比如新的信用付款期限比原来更长，则以前的保险费可能会增加。相反，如果还款期限缩短了，或者境外买方所在国被重新归类到风险较低的类别中，则保险费也可能会减少。

12.3 ECA 保单

在收到 ECA 要约并通过签订贸易或贷款合同与境外买方达成交易后，申请人可能会要求 ECA 签发 ECA 保单。当保单签发且保险费支付完成之后，保单即生效并对 ECA 具有约束力。从此刻起，申请人成为被保险人，ECA 有义务赔偿被保险人因境外买方未支付信用款项所受到的损失。ECA 保单有时会被称为最终承诺或保证。签发保单是提供 ECA 保险程序的最后一步。

一些 ECA 保单会承保要约发出日以前或保险费到期日之前发生的信用风险。这样的一个保单对 ECA 是具有约束力的，只要在 ECA 规定的一个未来的日期前缴纳保险费即可。

只有在 ECA 和被保险人都同意的情况下，保单才可以修改。在实践中，ECA 保单很少修改，除非境外买方对信用款项进行了重新谈判,通常是延长付款的期限。被保险人出口商或银行可能会接受新的付款计划,并要求 ECA 根据新的付款期限修改保单。如果 ECA 接受了修改请求,会对原保单进行修改以承保新的付款计划。在只要经 ECA 同意即可重新安排境外买方的信用期限的情况下,被保险人出口商也有权选择按照原来的付款计划请求 ECA 赔偿,而不是要求修改 ECA 保单。重新安排境外买方的信用期限以及被保险人的赔偿请求权,将在本书第 19 章中详细介绍。

被保险人出口商可能会将其在保单项下的权利转让给银行,并将转让情况通知 ECA。被保险人可以在申请 ECA 保险时或晚些时候这样做,比如在 ECA 发出要约或签发保单之后。如本书第 6 章所述,当出口商将其对境外买方的付款请求权转让给银行并通知 ECA 时,ECA 保单项下的权利就会随之转让。如果出口商请求权的受让银行可以被 ECA 接受,其会在保单中加入条款,规定银行是保单项下的受益人。此种转让中最重要的权利,是在出现信用款项未支付的情况下,被保险人向 ECA 的赔偿请求权。当银行贴现受让出口商对境外买方的付款请求权时,银行经常会要求一并受让 ECA 保单项下的权利。

大多数 ECA 都会采用的一项重要规则,即 ECA 保险的保险费必须在保单签发之前预先支付。ECA 保单可能会承保支付保险费之前发生的风险,但是保单文件中会规定如果没有支付保险费,则保单无效且对 ECA 没有约束力。

在贸易或贷款合同中规定的信用付款期限内,ECA 保单是有效且具有约束力的。如果境外买方按照计划时间付款,则保单将在最后一笔信用付款完成时到期。保单也可能会提前取消,比如境外买方提前向银行偿还贷款。

13 保险费

在讨论出口信用保险的语境下，保险费是指出口信用机构（ECA）为了承保境外买方未支付信用款项的风险，以及为了承保其他风险而收取的费用。“保险费”一词来自传统保险业，与 ECA 保险有很多相似之处。然而，ECA 收取保险费的目的，与一般保险公司不同。ECA 保险费是为潜在的损失创建资金储备，并承担 ECA 的运营成本。不同于普通保险公司，ECA 并不期望获取收益。另一个不同之处在于如果资金储备不足以支付被保风险导致的所有索赔，普通保险公司可能会发生无力偿债或破产。而 ECA 不会发生无力偿债，因为当他们的资金储备不足以支付所有索赔时，他们会从国家获得额外的资金。

13.1 各种类型保险的不同保险费率

ECA 适用于承保不同种类风险的保险费计算方法非常复杂，本书中不会详细分析计算的细节。提供付款期限在两年及以上的 ECA 保险的保险费计算方法，有国际统一的协定。经济合作与发展组织（OECD）《官方支持出口信贷的安排》中详细规定了计算方法，《安排》与《世界贸易组织补贴与反补贴措施协议》有关，后者规定禁止保险费不能覆盖损失以及 ECA 的长期运营成本。付款条件在两年及以上的出口信用，也被称为中长期信用。国际上统一规定最低保险费的目的，与官方支持的出口信用的其他方面是一致的——为出口商提供公平的竞争环境，并鼓励基于货物和服务的质量和价格的竞争。

除了中长期出口信用保险，ECA 在提供其他类型的保险时所适用的保险费，并没有国际统一规定。因此，《安排》不适用于短期出口信用保险、合同保证、境外投资保险、签发给出口商的背对背担保保险等。ECA 会适用自己内部的保险费规则来计算其他类型保险的保险费率。

13.2　计算保险费率的基本因素

当一项信用风险被 ECA 评估为可以承保时，ECA 在计算保险费率时会考虑几个基本要素。第一个要素是需要 ECA 承保的信用款项金额或其他风险金额。其他风险金额如在合同保证项下的应付款金额，或者不适用《安排》的境外投资金额。显然，承保的信用风险或其他风险金额越高，则收取的保险费越高。信用款项金额被称为本金价值，这一术语通常包括本金额加利息，但该术语也会有其他的定义。

计算保险费率的第二个要素是风险持续的时间或 ECA 保险

的期间。这可以是支付信用款项的期限、合同保证的有效期等。ECA适用的基本规则是风险持续时间越长，ECA保险的保险费越高。无论《安排》是否适用，该规则均适用。

计算保险费率的第三个要素是ECA保险的承保比例。ECA可能会对政治风险和商业风险提供不同的承保比例。一般来说，承保比例越低，保险费率越低，但也会有例外情况。

出口商或银行可能会请求缩小承保范围以降低保险费。缩小承保范围的方式可以是将某些政治事件排除在外，或仅为政治风险或商业风险二者之一投保。一些ECA可以接受这一请求并提供部分保险，仅承保选定的政治风险，或仅承保政治或商业风险二者之一。从ECA保险中排除某种特定风险，会导致保险费率降低，但这并不是强制性规则，不同ECA可能对此类保险有不同的政策。提供部分ECA保险在本书第4章中进行了分析。

13.3 最低保险费率

《安排》包含了关于ECA为两年及以上的出口信用风险提供承保的最低保险费率计算的复杂条款。承保单个出口信用保险的最低保险费率，按照信用款项金额的一定比例计算。

计算出口信用风险最低保险费率的主要方法是适用境外买方公司注册国的国别风险类别。为此目的，所有的国家根据其可能偿还外债的能力被进行了分类。国别风险分类所考虑的其他要素，还包括政府延期偿付、导致贸易或贷款合同项下资金汇兑的禁止或延迟的政治事件、以外币计价的付款转换为以当地货币付款的政府机构决定(使得付款的实际价值低于全部债务金额)。

所有国家被分类为从零到七共八个类别,其中从一类别到七类别对应有不同的最低保险费率,但是零类别没有限制。最低保险费率从类别一到类别七由低到高依次递增。国别风险分类至少每年要监测和评估一次,这会使得有的国家所属类别调高或降低。

在计算某项信用风险的最低保险费率时,ECA 不能将境外买方归入比其所在国所属类别更优惠的类别之中。这是一项主要规则,但《安排》规定了几种可以豁免此规则的情况,详情将在后文介绍。

属于零类别的国家,是世界银行根据年度人均国民总收入确定的高收入的 OECD 国家和欧元区国家。零类别国家的国别风险可以忽略不计,承保来自这些国家的境外买方的信用风险的保险费率计算,是基于对特定境外买方的信誉评估。即使是这种计算方法,也相当复杂,其在《安排》中也有所规定。

需要注意,来自《安排》加入国的 ECA 适用最低保险费率,而来自其他国家的 ECA 则没有义务适用最低保险费率。

13.4 买方风险类别

《安排》还规定了境外买方的分类标准,以便用来计算保险费率。这些标准包括许多要素,如境外买方的地位、创收能力、资金流动性和管理能力。其他标准还有财务质量和所有权披露、从母公司获得财务支持的可能性以及境外买方业务的不确定性。根据这些标准,在计算 ECA 保险的保险费率时将境外买方分为七类。

最高级、最优秀的类别是"优于主权的境外买方"(better than sovereign foreign buyer),次一级的是"主权"(sovereign),再其次是"等同主权"(the equivalent to the sovereign)类别。中等类别是"很好的信用质量"(very good credit quality),"介于好与较好之间的信用质量"(good to moderately good credit quality)和"一般的信用质量"(moderate credit quality)。较低等的类别是"较弱的信用质量"(moderately weak credit quality)和"弱的信用质量"(weak credit quality)。

13.5 降低最低保险费率

《安排》规定了允许 ECA 低于最低标准收取保险费的三种方法。想要适用这些方法并不容易,因为境外买方或对信用付款提供担保的第三方必须满足几项严格的要求。《安排》的规定十分全面且含有很多细节,因此下文仅对这三种方法进行简要的描述。

13.6 第三方付款保证

如果 ECA 承保第三方保证的信用付款,则可根据第三方的国别风险类别或第三方的买方风险类别来计算保险费。当第三方(保证人)所在国的国别风险类别等级,比境外买方所在国可以适用更有利的费率时,此计算方法就有了应用的可能。同理,当第三方的买方风险类别比境外买方可以适用更有利的费率时，可以适用同样的计算方法。

《安排》还规定，第三方提供的保证必须涵盖境外买方的全部信用期限，且必须是不可撤销、无条件和见索即付的，还必须满足其他几项详细要求。保证可以由多边或区域机构提供，该机构会在不同的个案中被归类到从零到七的不同的国别风险类别中。

13.7 降低技术

当特定的出口信用交易有特定银行账户担保，或其以当地货币支付出口信用，则《安排》允许低于最低保险费率收取保险费。这种最低保险费率的降低被称为"国别风险降低技术"。

第一种国别风险降低技术是"离岸未来现金流"与"离岸托管账户"相结合，这是一种复杂的合同结构，且必须满足《安排》规定的许多要求。简单地说，这种措施是境外买方的外币应收账款的合同转让，即境外买方的应收账款将被存入境外买方所在国以外银行的账户。该账户也称为托管账户，该账户及银行应当是不受境外买方控制的。当境外买方与一个财力雄厚的外国客户签订长期合同，外国客户支付的外币可以为境外买方提供持续的现金流时，就会使用这种降低技术。当该现金流直接流入托管账户并作为境外买方支付信用款项的资金时，信用款项未支付的风险就降低了。这种情况下，ECA 可能会适用比境外买方所在国国别风险类别低一等的国别风险类别，从而导致可以适用更低的保险费率。

《安排》中规定的第二类国家风险降低技术是当地货币支付。在这种措施中,出口信用款项以境外买方所在国的当地货币计价和支付。这种付款结构消除了将当地货币转换为硬通货以及将硬通货从境外买方所在国汇兑出境的风险。由于 ECA 承保的范围缩小了,ECA 可能会在境外买方国别风险类别对应的最低保险费率的基础上,给予不超过 20% 的折扣。

13.8　通过提供担保增进风险信用

当境外买方提供以下四种类型的担保之一时,则《安排》允许低于最低保险费率收取保险费。提供此类担保被称为买方风险信用增进。第一种担保,即合同收入或应收款的转让,要求境外买方将其与大客户在合同中约定的应收账款转让给被保险人出口商或银行。这类应收账款转让,将导致被保险人出口商或银行比境外买方的其他债权人享受更优惠待遇。

第二种信用增进担保是资产类担保,即在本身有价值的财产上设立的担保。此类担保必须是以被保险人出口商或银行为权利人,且在发生信用款项未支付的情况下,应当很容易对境外买方强制执行。

《安排》规定的第三种信用增进担保是固定资产担保。这类担保通常设立在境外买方使用的流水作业线的设备之上。在此类财产上设立担保的效果,是当境外买方未支付信用款项时,被保险人出口商或银行的谈判地位有所提高。

第四种信用增进担保,要求以偿债准备账户的形式开立一个用于保障被保险人出口商或银行利益的托管账户,境外买方在账户中存入特定金额款项,作为支付信用款项的担保。除了特定金额款项,境外买方的应收账款也可以存入托管账户中,一样可以作为担保。

13.9 担保及将保险费率降至最低

ECA 可能会考虑将其他的《安排》中没有规定的担保,也作为可以降低最低保险费率的方法。但是,这种可能仅限用于在 ECA 计算的保险费率,高于境外买方国别风险类别对应的最低保险费率的情况。为境外买方的信用款项提供担保,可能会把保险费降至最低保险费率的水平,但是不能更低。《安排》不规范在最低保险费率以上收取费用的情况,不同 ECA 可以根据自己的内部政策和标准自行决定。

提供担保并不一定会导致 ECA 降低收取的保险费率。比如,当已经按照最低费率收取,或境外买方提供的担保不属于《安排》规定的可以影响保险费率的类型。再如,ECA 要求提供担保是签发 ECA 保单的基本条件,且该保单的保险费将会按照最低费率或更高的费率收取。为出口信用付款提供担保以及 ECA 对担保的处理,将会在本书第 17 章中详细介绍。

13.10 提高保险费率

承保出口信用保险的保险费率计算,并不总是会适用最低保险费率。根据《安排》的规定,ECA 有权自行决定在最低保险费之上收取保险费,具体取决于其对单个交易的信用风险评估。

有时收取较高的保险费率,可能与境外买方不能为其信用付款提供担保有关联。当 ECA 要求将担保作为 ECA 保险的一项基础条件时,ECA 可能会在此交易中收取较高的保险费。当境外买方无法提供担保时,ECA 可能仍会决定承保信用风险,但是会收取更高的保险费。有时提供担保是一项复杂的程序,需要在公共登记机构进行登记,可能需要很长时间才能完成。当被保险人在要求的担保生效之前就申请签发 ECA 保单,ECA 可能会收取额外的保险费,直到所有手续都符合并提供担保的程序都完成。

如果根据已有的贷款或贸易合同中包含的消极保证条款,境外买方不能提供担保的,则可能会被收取额外保险费。这种情况很少发生,因为,如果是 ECA 保险要求为出口信用款项提供担保,境外买方的现有债权人通常会同意境外买方提供此担保。但是,如果现有债权人不同意,则境外买方就无法为出口信用付款提供担保。在这种情况下,ECA 会收取额外的保险费,以弥补因境外买方不能提供担保而导致信用款项未支付风险的扩大。

在特殊情况下,境外买方与现有债权人在之前签订合同时,已经在其现有和未来资产之上设立了担保。在未来资产上设立担保,仅在基于英国法的法系中是可行的,但在其他法系中不可行。设立此类担保之后,使用新的出口信用融资来购买的新资产,不能用于为该笔信用本身提供担保。相反,新资产将被用于作为境外买方以前债务的担保物。如果需要 ECA 承保的信用款项没有担保,或者使用本次信用融资而购买的资产将被用作境外买方以前债务的担保,则 ECA 将不愿意提供保险。即使 ECA 在这种情况下提供了保险,其也很有可能会增加保险费。

13.11 保险费支付

ECA 收取的保险费一般按照承保债权金额的百分比收取。ECA 一般都要求预付全部保险费。如果在保险费支付截止日之前就签发了保单,保单通常会载明在保险费付清之前,该保单不生效且对 ECA 没有约束力。一些 ECA 接受在某些特殊情况下,保险费可以延后支付。

当境外买方在信用款项到期前提前偿还时,ECA 可以向被保险人退回部分保险费。当境外买方找到更便宜的融资,或者其能够以自己的收入提前还款时,就有可能发生这种情况。当信用款项提前偿还时,被保险人出口商或银行可能会要求取消 ECA 保单并退还保险费,退还的保险费根据 ECA 保单承保信用风险的实际期间按比例计算。大多数 ECA 都可以接受因此种原因而取消保单,他们将退回“未使用”部分的保险费。不同 ECA 可以对保险费的退回作出不同规定。

13.12 保险费成本转嫁给境外买方

从法律角度讲,ECA 保险的双方当事人分别是 ECA 和被保险人。因此,只有被保险人有义务向 ECA 支付保险费。境外买方不是保险合同的当事人,也就没有义务向 ECA 支付保险费。但是在实践中,被保险人出口商和银行会将保险费的成本转嫁给境外买方,经常直接规定在贸易或贷款合同中。因此,出口商将会要求境外买方补偿其已向 ECA 支付的保险费金额。出口商向 ECA 支付的保险费金额,可能会包含在境外买方应向出口商支付的信用款项金额之内。出口商将保险费金额转嫁给境外买方,不代表境外买方与 ECA 之间建立了合同关系。出口商仍然是 ECA 保单项下的被保险人,并承担支付保险费的义务,无论境外买方能否向其实际补偿此金额。

向境外买方提供贷款的银行,也会将 ECA 保险费成本转嫁给境外买方。例如,银行可以要求境外买方直接向其支付保险费金额,以此作为银行向 ECA 支付金额的补偿费。银行也可以将保险费金额计入境外买方需向银行偿还的贷款金额内。将保险费成本转嫁给境外买方,不代表境外买方与 ECA 建立了合同关系。

如果保险费金额包含在了出口信用总金额之内,《安排》允许 ECA 将不支付保险费的风险纳入其承保范围。因此,如果出口商或银行使用自有资金支付了保险费,并且把保险费金额计入到了出口信用总金额内,那么在境外买方未支付信用款项的情况下,

ECA 将赔偿该保险费金额。为保险费支付及偿还提供融资,不应当影响出口合同价值的计算(详见第 21 章),因为《安排》允许ECA 自行决定这一问题,即规定了保险费金额可以计入,也可以不计入出口合同价值内。

在一些交易中,出口商可以将保险费金额计入需要信用支付的合同价格中,并将保险费成本转嫁给境外买方,且不需要通知境外买方关于获得 ECA 保险和支付保险费的事项。有时候,如果无法转嫁保险费成本,出口商可能会获得 ECA 保险并在不通知境外买方的情况下,使用自有资金支付保险费。这是非常有可能的,因为被保险人出口商或银行没有义务将获得 ECA 保险一事告知境外买方。

13.13 保险费率预估

对于出口商和银行来说,在与境外买方进行交易谈判时,知道ECA 保险的大致保险费金额非常重要。大多数 ECA 都愿意在向特定出口信用交易提供 ECA 保险前,提供保险费率的预估。保险费预估对 ECA 并不具有约束力,但该信息对出口商和银行进行交易的谈判和计算会非常有用。现今,很多 ECA 会在其网站上提供保险费计算功能,网络用户可以通过输入关于出口信用交易的基本信息来计算保险费。

14 外国成分

在讨论出口信用的语境下，外国成分指货物或服务在第三国生产、组装或供应的附加值（见图 14.1）。外国成分对于出口商和银行在获得出口信用机构（ECA）承保时非常重要，因为他们必须满足 ECA 在这方面的要求。区分“外国成分”与“当地成本”这两个术语非常重要，因为外国成分不受国际监管，而当地成本受到经济合作与发展组织（OECD）《官方支持出口信贷的安排》的规范。本书第 21 章将对当地成本展开分析。

历史上，出口的货物全部或大部分都是从出口国生产的。最终产品的部分组件可能是从其他国家购买的，这些在最终产品中的组件称为外国成分。许多出口产品仍以这种方式生产，但生产过程在全球经济中已经发生了重大变化。如今，出口国的跨国公司在其他国家成立子公司，并在这些国家生产大部分零部件或组装最终产品。一些来自出口国的跨国公司，只在其总部所在国开展研究和开发活动，而全部生产过程则放在其他国家（见图 14.2）。

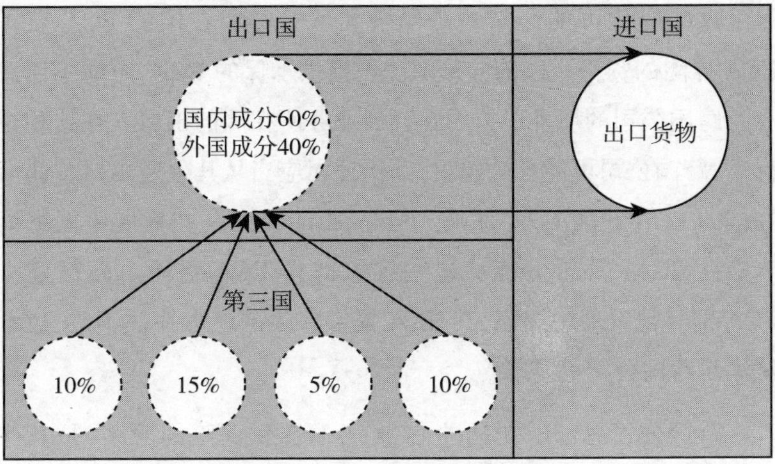

图 14.1　出口货物的外国成分

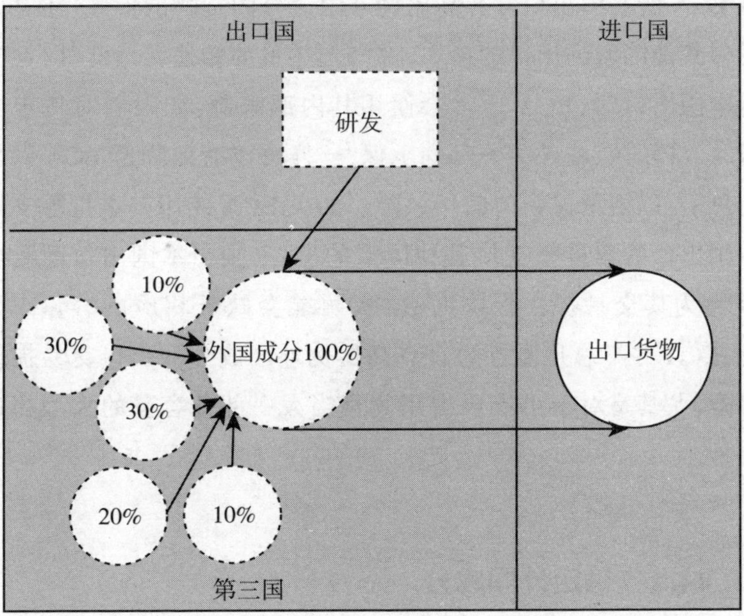

图 14.2　全部在第三国生产的货物

这些变化可能会影响跨国公司从总部所在国的 ECA 获得 ECA 保险的资格。以前向跨国公司提供承保的 ECA,可能不愿意支持跨国公司的境外子公司在开展业务所在国的出口。在这种情况下,跨国公司可能会被建议,其子公司应当从其生产出口货物所在国的 ECA 获取 ECA 保险。但是,由于其中一些发展中国家尚未建立 ECA,因此很难从这些国家获得 ECA 保险。而已建立 ECA 的其他发展中国家,其 ECA 提供保险的能力往往不足,也无法满足跨国公司的需求。

跨国公司总部所在国的 ECA 不愿提供保险的原因,是其建立的目的是支持本国出口。而支持其他国家的出口,无论是以从 ECA 所在国出口含有高比例外国成分的货物的形式,还是以承保其他国家的出口的形式,都与上述目的相违背。此外,在支持本国出口时,ECA 通常会使用其内部限制,如限制对特定国家、经济领域、境外买方等的承保,这样可以有效降低 ECA 保险的总量,以便承保新的信用风险。如果 ECA 使用其本打算支持本国出口的容量来支持其他国家的出口,则当本国出口商要求 ECA 为其交易提供保险时,ECA 可能会缺乏相应的容量。因此,ECA 并不总是愿意为具有高比例外国成分的出口交易提供保险,尤其是对于可能会占用其相当大一部分容量的大型出口交易。

14.1 确定外国成分

外国成分不受国际监管,ECA 可根据其对支持本国出口和国内就业机会的判断，自行对外国成分进行定义。这导致ECA会有多种规范外国成分的内部规则和政策。一些ECA采用不同的标准，比起大型出口商，ECA对中小型出口商出口的货物或服务，可以接受更高比例的外国成分。其他ECA则采用相同的标准，并在这方面平等对待所有出口商。计算外国成分的基础价值可能会有所不同，因为一些ECA使用生产最终产品的直接和间接成本来计算外国成分，包括人工和材料、管理和研究，但交易的利润则不包括在此计算范围之内。而另一些ECA使用出口商和境外买方之间商定的合同总价（包括交易的利润）来计算外国成分。当境外货物或服务被整合到国内产品中时，可能会获得国内原产地证书，一些ECA将此类外国成分也定义为国内成分。外国成分的确定取决于国内原产地证书的相关规定。

除了可接受的外国成分比例外，一些ECA还会有其他要求。例如，一些ECA要求货物必须从其所在国装运出口。

外国成分通常按照出口货物或服务的合同总价值的若干比例计算，并且大多数ECA对其承保的可接受的外国成分比例有内部规定。不同ECA的外国成分的可接受比例从低到高各不相同，且也会随着时间的推移而变化。如果用于生产出口货物或服务的外国成分，由总部位于ECA所在国的跨国公司的境外子公司生产，则一些ECA对于更高比例的外国成分采取较为宽松的态度。当外国成分超过可接受的比例时，一些ECA仍愿意提供承保，只是会收取更高的保险费。

14.2 国家利益

基于全球经济的发展变化,“外国成分”一词已不足以适应需要 ECA 承保的新形式出口交易。尤其是当本国制造商将其整个生产过程放在国外,而只将研究和开发活动保留在总部所在国时的情况。这些公司不会从总部所在国出口货物或服务。尽管这些变化导致 ECA 所在国的就业机会受损,但该国仍然以多种方式从跨国公司的商业活动中受益。研究和开发活动为 ECA 所在国提供了许多就业机会,整个跨国公司的收入,包括外国子公司的收入,也会部分转移到 ECA 所在国。

为了调整对新形式的商业活动的支持,如出口、外国成分等传统术语不再适用,一些 ECA 已经修改了提供 ECA 保险的要求。一些 ECA 使用“国家利益”取代了“外国成分”一词。这个新术语更加灵活,比“外国成分”的含义更宽泛。不管有无外国成分,“国家利益”都可适用于传统的出口交易,也可以适用于那些没有传统意义上的“出口”的新型出口交易。

14.3 确定国家利益

“国家利益”一词很难界定,不同 ECA 在适用时存在不同理解。一些 ECA 已经制定了指导方针或采用一般定义的标准来评估个案交易中的国家利益,这些标准包括:

a. 使用 ECA 所在国的组件或原材料在境外生产最终产品；

b. 利用 ECA 所在国的设计、专有技术和专业知识，在境外生产最终产品；

c. 将毛利润转移至 ECA 所在国；

d. 在 ECA 所在国向雇员、承运人和需要纳税或领取报酬的类似服务提供者付款；

e. 在 ECA 所在国承担股息、许可证、特许权使用费或类似的支付义务。

在决定为特定出口信用交易提供 ECA 保险时，上述标准的措辞赋予 ECA 更多的自由裁量权。在评估国家利益时，通常不会使用像外国成分一样的固定比例或类似的严格定义措施。由于出口交易的多样性，基于国家利益的决策通常根据个案的情况确定（见图 14.3）。

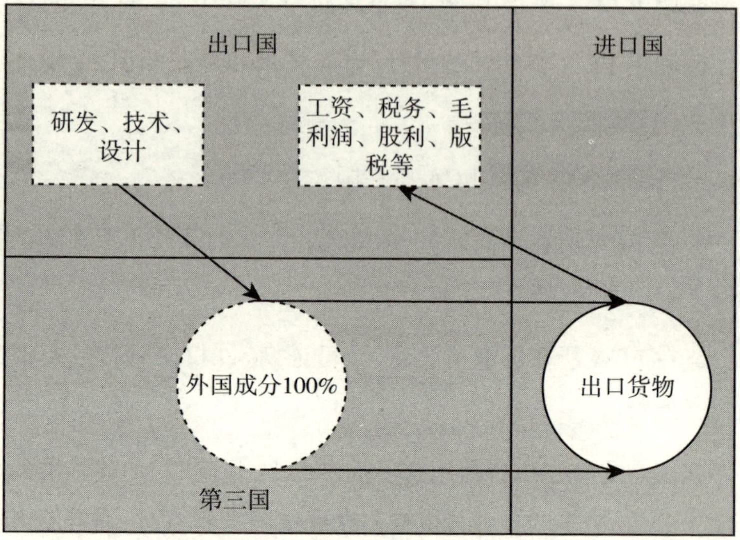

图 14.3　出口国的国家利益

但是,ECA 通过使用国家利益标准接受承保出口信用交易,并不一定意味着 ECA 将在交易中为信用风险提供最高比例的承保。ECA 还有其他工具以调整这些交易的 ECA 保险。例如,较低的承保比例、保险费和保险条款。ECA 将这些要素与国家利益标准相结合,以便在提供 ECA 保险时能够作出均衡的决定。

14.4　再保险的解决方案

包含外国成分的出口交易问题的另一种解决方案,是不同 ECA 之间以再保险合同形式的合作,这使得他们能够分担原来一家 ECA 所承保的风险。本书第 18 章将对再保险展开分析。

15 货币

国际货物和贷款交易中的付款通常会采用全球通用的某一种主要交易货币，如美元、欧元、日元、英镑和瑞士法郎。上述货币也称为硬通货。如果货币稳定且合同双方均可接受，也可以使用其他货币付款如出口国的货币。但是，货币之间的汇率每天都在变化，这可能会对出口商和银行的出口信用交易产生不利影响。他们主要涉及的问题是，当信用款项兑换为另一种货币时，将面临收到的实际价值低于预计价值的风险。这种风险称为货币风险，如果信用付款以当地货币计价(境外买方使用本国货币支付)时，这种风险会更高。当地货币可能会贬值，导致出口商或银行遭受损失。

出口商、银行和境外买方都知道货币风险，以及需要由合同的一方或双方承担此风险。合同各方可能会对货币风险的承担约定不同的方式。风险可以由境外买方、出口商或银行承担，还可以由合同双方共同承担。货币风险的谈判和签订合同，并没有普遍适用的解决方案，因为这取决于合约各方的议价能力。当在国际市场上具有强势地位的出口商向境外销售其货物或服务时，他将只接受以硬通货支付信用款项。在这种交易中，货币风险由境外买方承担，境外买方以当地货币计价来赚取收益，相对于硬通货可能会发生贬值。但是，一些出口商和银行接受以当地货币支付信用款项并承担货币风险，有时甚至包括无法将当地货币兑换成硬通货，并从境外买方所在国汇兑出境的风险。

出口商或银行在与境外买方的贸易或贷款合同中所承担的货币风险，可以向第三方寻求保障。该第三方通常是愿意进行对冲交易，以应对汇率发生不利变化的银行。对冲交易是与第三方的单独交易，第三方不是贸易或贷款合同的当事人。由于出口信用机构（ECA）的保险与以各种货币计价的贸易和贷款合同直接相关，因而对 ECA 将如何处理货币风险展开分析显得十分重要。

15.1 保险和货币风险

提供 ECA 保险的目的是保障境外买方未支付信用款项的风险。因而大多数 ECA 不会对货币风险单独提供保险。另一个原因是货币风险保障可以从银行和其他私人金融机构获得，这些机构不愿在该业务中受到有官方支持的 ECA 的竞争。但是，当无法从私人市场获得货币风险保障时，一些 ECA 可能会为出口信用交易中的货币风险提供单独保险，而不需要承保这些交易中的信用风险。

即使 ECA 没有为货币风险提供单独保险，在对以外国货币付款的合同中的信用款项未支付进行承保时，ECA 仍会面临这种风险。承保以外币计价的合同中的信用风险可能很复杂，不同的 ECA 处理货币问题的方式不同。一些 ECA 仅以本国货币提供保险，而另一些 ECA 会以几种外国货币和本国货币提供保险。许多 ECA 偶尔会以境外买方所在国的当地货币提供保险。

针对以各种货币计价的贸易和贷款合同中的信用风险所提供的 ECA 保险，下文将进行介绍。下文介绍的 ECA 保险方案并非所有 ECA 所通用的，每个 ECA 对使用特定货币提供保险一事，可能会制定自己的政策。

15.2　以 ECA 所在国货币计价的合同

当出口信用款项支付使用 ECA 所在国的货币时，是由境外买方承担货币风险。因此，境外买方将会把当地货币兑换为合同货币以支付信用款项。如果两种货币之间在兑换日的有效汇率对境外买方不利，则其必须支付超过订立贸易或贷款合同时所预期的合同价格（见图 15.1）。

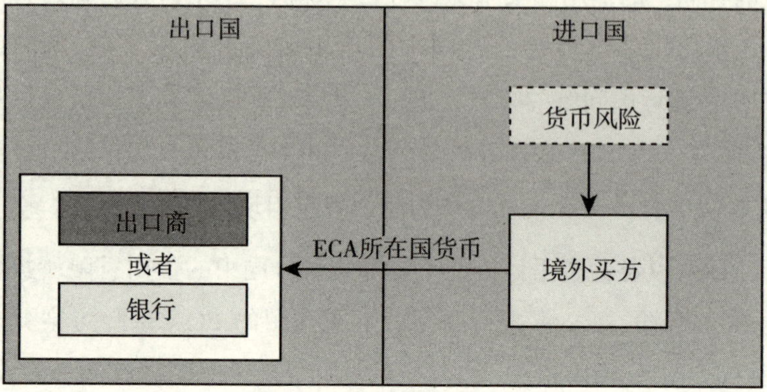

图 15.1 以 ECA 所在国的货币支付信用款项

如果境外买方未支付以 ECA 所在国货币计价的信用款项，ECA 将以其本国货币向被保险人出口商或银行进行理赔。承保本次交易的信用风险的 ECA，在向被保险人支付赔款时，并不承担货币风险。无论是在收到境外买方的信用付款还是由 ECA 理赔时，被保险人出口商或银行都不会在此类交易中面临货币风险。

15.3 以硬通货计价的合同

若以 ECA 所在国货币以外的硬通货支付出口信用款项，则仍由境外买方承担货币风险。与上面的例子一样，境外买方需要将本国货币兑换为硬通货以支付信用款项。如果兑换日所适用的有效汇率对境外买方不利，这可能导致为兑换硬通货而支付更高的价格（见图 15.2）。

一些境外买方将其货物或服务转售给其他国家的客户，并以与其出口信用合同相同的硬通货计价获取收益。在这种情况下，境外买方将以相同的货币向出口商或银行支付信用款项，而不用承担货币风险。然而这种情况并不常见，大多数境外买方通常以当地货币计价来赚取利润。

当 ECA 承保以硬通货计价合同中的信用风险时，ECA 可以决定以该特定货币，对被保险人出口商或银行进行理赔。通过获得此类保险，被保险人出口商或银行可免受货币风险的影响，因为未支付的信用款项将由 ECA 以合同货币予以赔付。此类保险中的货币风险将由 ECA 承担，ECA 将以其本国货币购买合同硬通货，并向被保险人赔付（见图 15.3）。

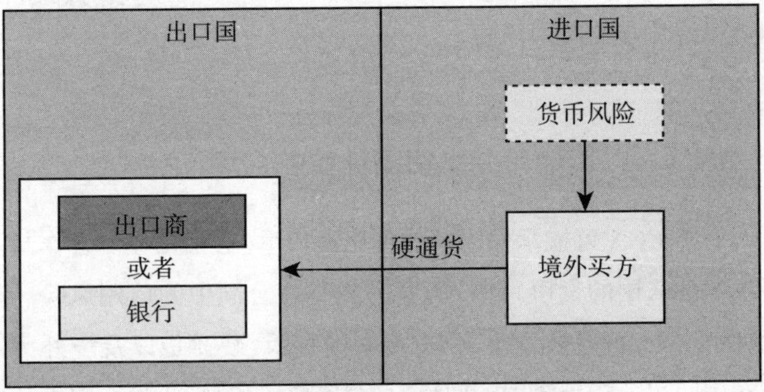

图 15.2 以硬通货支付信用款项

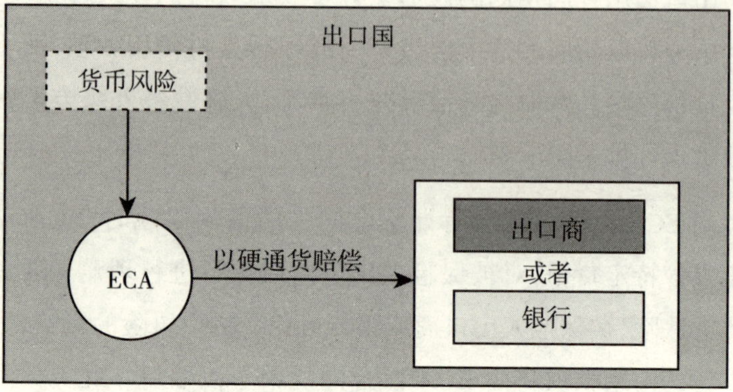

图 15.3　ECA 以硬通货赔偿

在这种情形下,出口商或银行的地位与前一种模式几乎一样。出口商或银行在收取境外买方的信用付款和从 ECA 接受赔款时,都可以避免承担货币风险。

15.4　以其他可兑换货币计价的合同

一些 ECA 可能承保以其他可兑换货币(通常是经济合作与发展组织加入国的货币)计价的贸易或贷款合同中的信用风险。在此种情形下,可兑换货币与 ECA 本国货币、硬通货以及境外买方所在国的当地货币不同。同样,与前述模式相同,此类合同中的货币风险由境外买方承担,境外买方需要购买可兑换货币以支付信用款项(见图 15.4)。

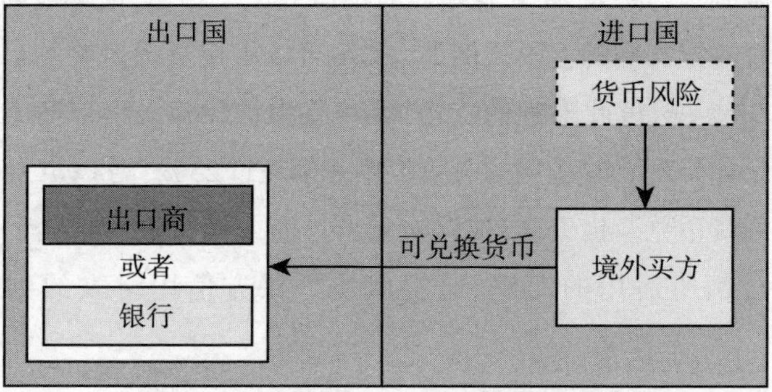

图 15.4　以其他可兑换货币支付信用款项

当 ECA 承保以可兑换货币计价的合同的信用风险时，ECA 可能会决定以该特定货币对被保险人出口商或银行进行赔付。ECA 承担着此类保险中的货币风险，因为 ECA 将会以本国货币购买合同货币，并向被保险人赔付(见图 15.5)。

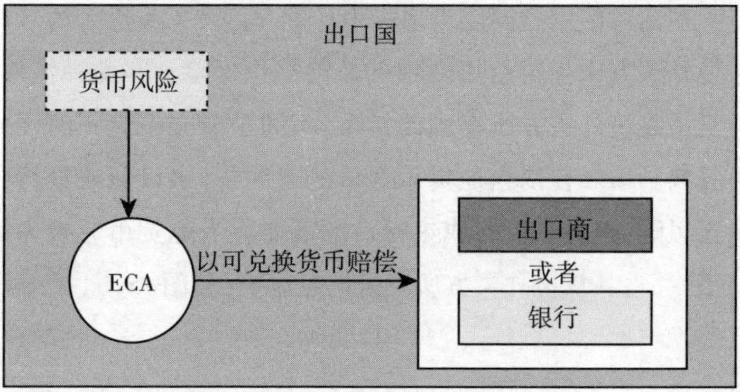

图 15.5　ECA 以其他可兑换货币赔偿

一些 ECA 通过限制合约货币与 ECA 本国货币之间的汇率上涨幅度来改变这种类型的保险。在向被保险人支付赔款时将适用上述限制。与签发ECA保单当日的有效汇率相比,汇率最高涨幅将设置一定比例的上限。例如,ECA可以承担货币风险的最大涨幅为25%,超过此限额的货币风险,将由被保险人出口商或银行承担。如果理赔时适用的有效汇率涨幅超过25%,则ECA将仅对25%的货币兑换损失,向被保险人出口商或银行进行理赔。计算理赔金额所适用的汇率,通常以境外买方信用付款的到期日为准。

根据ECA对未来货币波动的评估,ECA可能会以不同方式或不同比例限制汇率的涨幅。一些ECA也愿意为支付额外保险费的被保险人出口商或银行,提供更高汇率涨幅的保险。

15.5 当地货币计价的合同

一些出口信用合同以当地货币计价,有些ECA也会为这些合同中境外买方未支付信用款项的风险提供保险。在此种情形下,当地货币是境外买方所在国的货币,不同于前文中提到的硬通货和可兑换货币。在以当地货币计价的合同中,出口商或银行将承担货币风险,因为出口商或银行可能需要将当地货币兑换为另一种货币,并将其从境外买方所在国汇兑出境(见图15.6)。

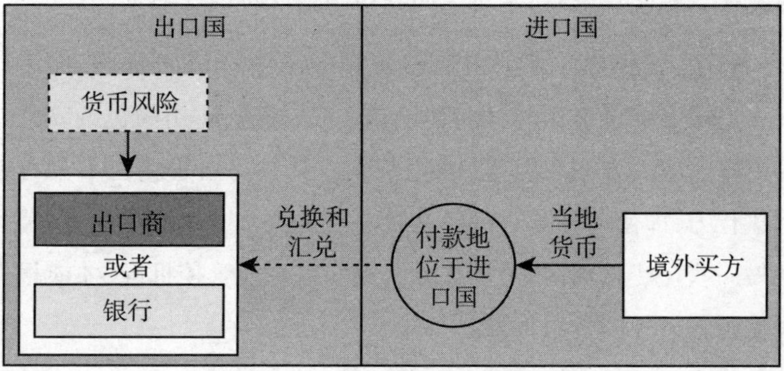

图 15.6 以当地货币支付信用款项

当承保以当地货币支付信用款项的风险时,一些 ECA 不会以该货币向被保险人出口商或银行进行理赔。ECA 将以本国货币或硬通货向给被保险人支付未付的信用款项的赔款。当地货币与赔款货币之间适用的汇率,通常以境外买方信用付款的到期日的有效汇率为准。ECA 通常采用上述方法来支付赔款,因为仅出于支付赔款的可能性而保持各种当地货币的储备,在管理上过于复杂。为同样目的而采购当地货币,在管理上也负担过重,处理这种情况的最简单方法是 ECA 以其常备的另一种货币支付赔款。

在承保以当地货币计价的信用款项未支付的风险时,一些 ECA 要求被保险人出口商或银行在与境外买方的贸易或贷款合同中包含固化条款。固化条款规定,如果境外买方未支付信用款项,则以当地货币计价的未付金额,将按照付款到期日的有效汇率换算为硬通货。因此,以当地货币计价的未付金额,将被以硬通货计价的应付金额所完全代替。当地货币与硬通货之间的汇率将固定,境外买方将承担以当地货币计价的未付信用款项的货币贬值风险。根据固化条款,未付信用款项的追偿将以硬通货计算。

对于已经向被保险人出口商或银行赔偿的 ECA 而言,向境外买方追偿已赔付金额时,比起以当地货币处理,适用固化条款是一种更好的解决方案。但是,固化条款在某些司法管辖区不具有强制执行力,即使境外买方已经在贸易或贷款合同中接受此类条款。在另一些司法管辖区,境外买方必须获得兑换管控批准,才能根据固化条款以外国货币付款。

承保以当地货币计价的不付款的 ECA 保险,可能会排除承保当地货币从境外买方所在国汇兑出境的政治风险。这通常发生在当贸易或贷款合同中约定的付款地点在境外买方所在国时,应被保险人出口商或银行的要求而作出。如果境外买方的付款并未打算从境外买方所在国汇兑出境,则不需要承保货币汇兑的风险。从 ECA 保险中排除承保汇兑风险,可能会导致保险费率降低。在这种情况下,被保险人出口商或银行不承担货币风险,因为境外买方以当地货币支付的金额,将由被保险人在境外买方所在国当地使用。

16 保密

保密在出口信用机构(ECA)、出口商、银行、境外买方以及其他参与 ECA 保险的当事人之间是非常重要的。所谓保密信息,是指在 ECA 承保的贸易和贷款合同项下,各方当事人不得向第三方披露的交易合同条款和保险合同条款。这些信息可能是在合同签订前或合同履行期间,一方当事人向另一方提供的信息。在出口商、银行、ECA 的工作中,会遵守信息接收方的内部规则、合同条款或法定条款关于禁止向第三方披露保密信息的规定。因此,分析出口商或银行与境外买方之间,出口商或银行与 ECA 之间,或 ECA 与境外买方之间如何适用保密条款,是非常有意思的一件事情。

16.1 出口商、银行和境外买方之间的保密

在实践中,出口商和境外买方不愿意向第三方披露其贸易合同或贷款合同的信息,并且他们会在内部将此类信息归类为商业秘密,以防止泄露。在签订合同之前,境外买方和出口商可能会互

相披露保密信息，披露方会要求接收方签订保密协议或禁止披露协议。通过签订此类协议，接收方同意对收到的信息保密，不向未经授权的人员披露。保密协议中规定了哪些属于保密信息，接收方可以在什么情况下使用保密信息，以及接收方向其咨询顾问、审计人员、法院、政府机构披露信息的权利等。此后，在签订贸易合同时，出口商和境外买方均同意对合同信息保密。

境外买方在签订贷款合同之前披露给银行的信息的保密，一般会受到银行法规的保护，银行法规禁止银行泄露其客户的保密信息。这种法定保密义务既适用于谈判阶段，也适用于银行与境外买方签订贷款协议之后。

作为出口商的银行和公司都会遵守禁止信息披露的法规，以防止内幕交易。法律禁止内部人员利用其在工作中获得的保密信息，买入或卖出有价证券，还禁止内部人员向第三方披露机密信息，用于如交易等其他目的。此外，在欧盟成员国以及其他国家的立法中，有关个人信息的披露受到严格规范。作为一方当事人的出口商或银行，与作为另一方当事人的境外买方之间签订的贸易或贷款合同中的保密信息，受这些法律条款的保护。

在出口商或银行与境外买方的合同关系中，有一类信息一般不作为保密信息而受到保护，即境外买方未支付信用款项的情况。一般认为，为收回未偿还的信用款项金额之目的，出口商或银行通过法院对境外买方采取法律行动时，有权披露此类信息。由于大多数法院对于此类案件的诉讼程序都不是保密的，因此向法院提供有关不付款的信息也会使得其被公众知晓。

16.2 出口商、银行和ECA之间的保密

在申请ECA保险时,出口商或银行必须向ECA提供有关出口信用交易的详细信息。所需信息涉及如境外买方、出口货物或服务的种类、交付条件、合同价格、信用条件、技术细节等。贸易或贷款合同的当事人将此类信息视为保密信息,他们不希望ECA向第三方披露。

ECA知悉,向未经授权的他人披露贸易和贷款合同的信息,可能会对出口商、银行和境外买方造成损害。因此他们会将此类信息归类为保密信息,并通过在内部设置保密程序来对其进行保护。

此外,ECA也会适用与银行类似的法律来防止内幕交易,以保护收到的保密信息。ECA也有义务以相同方式保护个人信息。一些具有政府机构地位的ECA,会适用专门的保密法规,此法规同样适用于本国的其他政府机关。保密法规的规定通常非常严格,ECA不允许披露其在工作过程中收到的,任何有关贸易或贷款合同的信息。在法规规定保密义务的同时,还会规定一些保密的例外情况,如在回复法院、税务机关或其他国家机关的询问时,允许提供信息。法院和其他国家机关,有权在不经任何相关方事先同意的情况下,要求提供保密信息。

大多数ECA并不会与保险申请人单独签订保密协议,与ECA打交道的出口商和银行,一般都可以接受这一点。鉴于ECA每年

处理保险申请的数量，他们不可能与每个申请人进行谈判并签订单独的保密协议。

一些 ECA 同意在其标准条款中加入保密条款，来保护从 ECA 保险申请人处收到的保密信息。这些条款将在申请人签署 ECA 保险申请时即被申请人接受，ECA 提供的申请表中一般会包含一项条款，表明申请人与 ECA 之间的合同关系须受 ECA 标准条款的制约。

在出口商、银行和境外买方之间的关系中，关于境外买方未支付信用款项的信息，可能不会受到 ECA 的保护。

16.3 ECA 和境外买方之间的保密

当向出口商或银行提供 ECA 保险时，ECA 并没有与境外买方形成直接的合同关系。ECA 从申请保险的出口商或银行处获得关于境外买方的必要信息，这些信息按照上文所述的方式受到 ECA 的保护。

然而，一些 ECA 需要关于境外买方的额外信息，用来分析其业务，并评估其支付 ECA 所承保的信用款项的能力。ECA 会通过申请承保的出口商或银行，要求境外买方提供额外信息。ECA 需要的信息可能包括商业计划，尤其是当评价项目风险时境外买方是一个新设实体的情况下，评估其支付信用款项的能力，只能通过评估商业计划的手段。在其他交易中，ECA 还可能会要求境外买方提供最近一期的半年度财务报告（如果 ECA 无法从其他渠道获得)、开展业务所需的许可证的信息、母公司的信息、财务状况、或任何其他对 ECA 风险评估来说较为重要的信息。

被 ECA 要求提供额外信息的境外买方,通常会将这些信息视为保密信息,有的境外买方会要求 ECA 签订保密协议。ECA 与境外买方互相建立合同关系的情况很少发生,但这是其中的一种。除此之外,他们在提供 ECA 保险的程序中不会发生任何直接关系。尽管在私营公司日常业务中相互签订保密协议,是一种通常不需要耗费很长时间的程序,但与 ECA 签订此类协议可能会遇到一些困难和延迟。

导致延迟的一种可能原因,是境外买方可能会坚持让作为保密信息接受者的 ECA 承担负担型的合同义务,而 ECA 基于其身份以及与政府的关系,并不一定会同意承担境外买方提出的任何义务。这就会导致 ECA 与境外买方之间的谈判时间加长,引发申请人因为与境外买方延迟达成交易而对 ECA 保险产生不满。当境外买方第一次与 ECA 合作,不熟悉 ECA 的操作流程和对保密信息的保护时,尤其容易发生这种情况。

当 ECA 处理境外买方提供的保密协议草案时,可能会出现几个问题。境外买方一般会提出协议适用其本国法律,并由其本地法院管辖法律纠纷。ECA 不会接受这一条件,因为让 ECA 了解他们所接触的所有外国法律体系,没有现实的可能性。不接受此类提议的另外一个原因,是境外买方国家的法制体系可能并不健全,这就使得从 ECA 的观点来看,该国的法律和司法管辖权并不可靠。

一些 ECA 具有政府机构的地位,这就使得他们并不是独立的法人实体。也就是说，当这些 ECA 与其他当事人签订商业合同时，政府或国家实际上成为合同的当事人。而政府和国家在与境外相对方签订商业合同时，不会接受外国的法律和司法管辖，因为这可能意味着放弃国家在境外法院的诉讼豁免权，而这是国家所不愿做的。

境外买方提供的保密协议草案中，会包含一些复杂和负担性的条款，涉及 ECA 违反保密义务之后需要承担的责任，比如赔偿境外买方损失的责任。其中大多数条款 ECA 并不会接受。

一些境外买方会加入条款来说明其对 ECA 披露的保密信息并不构成法律上的通知，并且披露方并不保证保密协议草案中信息的准确性。如果这些保密信息包含在性质上属于不确定的假设和业务预测信息时，ECA 可以接受这些条款。但如果这些本身是 ECA 所合理期待的应当准确的信息，比如财务审计报告，那么加入此类条款可能导致对该部分保密信息发生争议。ECA 在评估出口交易的信用风险时需要可靠的信息，而对境外买方所提供信息的准确性的讨论，可能会使 ECA 对保险申请的处理程序发生延迟。一般而言，很多 ECA 并不愿意与境外买方签订保密协议；如果签订的话，也只有那些符合法律法规而对 ECA 诸多限制的条款，才会被 ECA 所接受。ECA 也只接受与本国立法者对其所施加的诸多限制相一致的条款。

16.4 透明度要求

由于 ECA 是在国家的支持下为出口商和银行提供保险，媒体和公众对 ECA 业务透明度的要求越来越高。为了满足透明度的要求,一些 ECA 会公布其所承保的交易信息。公布的信息一般都比较简短,包括出口商的名称、进口国以及合同价值,但一般不会包括境外买方的名字以及合同条款。

ECA 在没有取得贸易或贷款合同当事人的同意下公布这些信息,可能会构成违反保密义务,并对当事人的业务造成损害。因此被保险人出口商和银行必须要事先同意公布这些信息。但也经常会出现出口商和银行不同意的情况,则相关出口信用交易的信息也就不能公布。

如果提供保险可能会激发境外买方信用款项支付的违约,那么 ECA 会避免公布该交易的承保信息。出于同样的原因,出口商可能会决定不将 ECA 承保信用款项未支付风险的相关信息告知境外买方。这种情况较为少见,但某些情况下,出口商会更加谨慎而选择这样做,比如当境外买方在交易过程中出现经济困难,此时如其得知不偿还信用的风险已经投保,可能对其偿债意愿会产生不利影响。被保险人和 ECA 都没有义务将 ECA 承保信用款项未支付的风险一事,通知境外买方。

ECA 承保信用风险的一些项目,可能会对进口国造成环境和社会影响,引起公众的批评。遵守经济合作与发展组织(OECD)《理事会关于官方支持的出口信贷和环境及社会尽职调查的一般方法的建议》的 ECA,必须公开披露某些环境和社会敏感项目中的 ECA 承保信用风险的信息。ECA 必须在保单签发前至少三十日公布信息,包括项目的名称、地点以及其他可能获得的额外信息的描述和细节。在实践中,这项义务并不会对在ECA和申请人之间的ECA保险一事造成任何困难。现今,出口商、银行和境外买方都知道OECD的要求,以及保护环境和当地社区的重要性,他们一般也会同意公布这些信息。OECD关于环境和社会影响的要求将会在本书第22章中详细介绍。

16.5 ECA和再保险人之间的保密

如本书第18章所述,ECA承保的信用风险,有时会由其他ECA或私人再保险公司进行再保险。一些ECA会为外国成分含量较大的出口信用交易寻求再保险,目的是为承保出口信用交易中的新风险保留容量,或者通过避免特定类型风险的集中而平衡信用风险组合。

当ECA接触潜在的再保险人,并就信用风险的再保险事项进行谈判时,可能会涉及其他几方当事人的保密问题。潜在的再保险人可能会要求ECA提供评估信用风险的必要信息。这些信息与ECA保险项下的基础贸易或贷款合同的基本条款有关,包括出口商、银行以及境外买方的名称等。这些信息通常被认为是保密信息,且禁止在未经交易当事人同意的情况下,向潜在的再保险人披露。

为了遵守内部保密程序,以及合同规定和法律规定的保密义务,ECA在向潜在的再保险人披露信息时,必须获得被保险人出口商或银行以及境外买方的同意。获取出口信用交易中所有相关当事人的同意可能比较困难,尤其是在当保单已经签发的情况下。境外买方会认为自己有足够的能力支付信用款项,ECA 没有理由针对此信用风险投保再保险。一些境外买方认为,即使只是在再保险市场上提到公司名称,也意味着潜在的信用风险,这可能会给公司的信誉度造成不利影响,并损害其声誉。说服境外买方,让其相信对信用风险进行再保险的原因只是为了平衡 ECA 的风险组合,而不是对境外买方支付信用款项的能力有负面的预测,这需要花费一些时间。而且,境外买方也可能不会同意向潜在的再保险公司披露保密信息。

为了避免出现这种情况,一些 ECA 会在保险申请阶段,就要求 ECA 保险的申请人和境外买方同意其向再保险人披露相关保密信息。此类同意通常是以书面形式作出,它使得 ECA 可以向潜在的再保险人,以及再保险人的潜在再保险人披露保密信息。一般来说,相比保单签发之后,在处理申请 ECA 保险的早期阶段更容易获取此类同意。

当 ECA 保险的申请人和境外买方同意向潜在的再保险人披露信息之后,ECA 有义务保护该信息不被进一步披露。为此目的,ECA 需要与再保险人签订保密协议,规定再保险人有同样的保密义务。

17 出口信用机构承保的信用款项支付之担保

出口商和银行在与境外买方签订贸易和贷款合同时，经常要求信用款项支付有相应的担保。境外买方也知道担保的重要性，并且通常愿意为其信用款项支付提供担保。在大多数出口信用交易中，担保方式是在以信用条件购买的资产上设定非占有的担保，但也可以以其他方式在境外买方所有的其他资产上设定担保。在以信用条件购买的资产上设定担保的背后原因是，通过提供信用条件而成为对所购资产出资的债权人，应当比其他债权人对资产享有更优先的权利。第三方也有可能为境外买方信用款项支付提供担保，可能是提供保证，也可能是以自有的资产设立担保。

术语

> 当在境外买方购买的资产上设立了非占有式的担保时，资产的所有权和占有权转移给境外买方，但资产被抵押给了被保险人出口商或银行作为信用款项支付的担保。

通过上述关于出口信用付款担保的简短说明，可以发现其与出口信用机构(ECA)提供的保险具有相似的功能。二者的目的，都是保护出口商和银行免受境外买方未支付信用款项的损害。由于这一点相似性，在信用款项支付已经由境外买方或第三方提供担保的情况下，投保 ECA 保险的必要性就不太确定了。为同一信用风险同时获取担保与 ECA 保险，需要逐案进行评估，评估时需要考虑境外买方所提供担保的特征，以及承保信用风险的 ECA 保险的类型。对担保的评估，需要分析被担保人出口商和银行如果重新谈判信用款项时所处的地位、担保资产的价值、资产是否存在二级市场、实现担保以及在强制执行程序中出售资产的预计收益、该程序的成本、针对该案中的境外买方实现担保的可能性、境外买方帮助实现担保的愿意、境外买方所在司法管辖区的法律法规等。另一方面，对 ECA 保险的评估，还需要分析可能引起信用款项未支付的事件、承保范围以及向 ECA 索赔的程序。

对担保和 ECA 保险之间差别的比较分析，是一个很大的主题，需要进行单独研究分析。基于本书的主旨，接下来会简要介绍其中一些差异。

17.1 担保与ECA保险之间的差别

担保和ECA保险的主要区别在于其保护的信用风险范围不同。担保涵盖的是境外买方发生无力偿债或不愿付款而造成的信用款项未支付;ECA保险还包括因政治事件而导致无法支付信用款项,如境外买方所在国决定停止外汇汇兑出境。当境外买方无法支付信用款项时,则在位于境外买方同一国的资产之上设立的担保,也将无法发挥作用。即使作为担保权人的被保险人出口商或银行,通过出售担保财产并取得收益而成功地实现担保,但相关收益也会因为同样的原因而无法汇兑出境。

如果ECA承保了上述政治风险,当境外买方支付信用款项在其所在国受到阻碍时,ECA将会赔偿被保险人出口商或银行未得到支付的信用款项金额。

担保与ECA保险的另外一点重要区别是,实现担保的司法程序非常复杂,而向ECA索赔和受偿的程序比较简单。在某些司法管辖区,实现担保债权的程序非常复杂、成本高、耗时长,最终结果也不确定。相比之下,向ECA索赔和受偿是一项非常简单的程序,且赔偿金额以及ECA支付赔偿的经济能力,不存在任何不确定性。

还有一点区别,担保是由境外买方提供的,或者是应境外买方的要求由第三方提供的,而ECA保险是因作为债权人的出口商或银行的请求而提供的。出口商或银行可以在没有境外买方参与的情况下获得 ECA 保险,且境外买方有可能并不知晓存在 ECA 保险承保其信用款项支付。

17.2 针对同一风险的担保和 ECA 保险

在分析出口信用风险时,出口商或银行可能会意识到,境外买方提供的担保并不足以免除信用款项未支付的风险。在这种情况下,出口商或银行可能会决定为同一信用风险再投保 ECA 保险,以增加额外的保护。因此担保和 ECA 保险就会同时发挥作用。

也有可能是出口商或银行首先申请了 ECA 保险,之后在 ECA 的要求下,再要求境外买方提供担保,这种情况下 ECA 会将担保作为针对特定出口信用交易签发保单的前提条件。不管境外买方之前是否被要求提供担保,ECA 在其认为必要的情况下都会提出担保要求。

当出口商或银行同时获得 ECA 保险和担保时,问题是这两种保护措施会如何互相影响。本书第 13 章部分分析了这个问题,其中解释了提供某些类型的担保,可能会降低 ECA 收取的保险费率。另一个重要问题,是被保险人出口商或银行实现担保,是从 ECA 获得赔偿的前提条件。本书第 19 章将会详细分析这一问题。

17.3 ECA承保出口信用交易中担保的效应

基于ECA处理有担保的信用款项的长期经验，其在评估有担保的交易中的信用风险时，会考虑担保的几方面效应。下文将会从出口信用合同的几个阶段来分析这些效应。

17.4 合同初始阶段的担保

如果在境外买方的有形资产（如机器、土地、建筑或类似资产）或无形资产（如应收账款或权利）之上设立担保时，会立刻产生两种重要效应。首先，其他债权人无法在同一资产上设定担保；其次，境外买方对于资产的处分权受到限制。想要解除担保或修改担保条件，需要征得被保险人出口商或银行，以及承保信用风险的ECA的同意。这使得被保险人和ECA对境外买方的业务有了间接的控制权，从ECA的角度来看，这是合适且有用的。

一般而言，被保险人出口商或银行可能会通过在合同中加入财务和消极保证的约定事项，来实现对境外买方业务更加全面的控制（详见本书第8章）。但是，这些类型的约定事项一般会出现在国际贷款协议中，而在以信用条件付款的国际贸易合同中并不常见。如果贸易合同中的出口商想要控制境外买方的业务，并且无法通过国际贷款协议中的典型方式来实现，其可以通过在境外买方的资产之上设定担保，来部分实现这一目的。

ECA 知晓设立上述担保的效应,并且 ECA 会将担保当作所有类型的出口信用交易中的一种重要合同机制,即便境外买方定期偿还信用款项且从不违约。

17.5　担保和信用款项重新谈判

出现经济困难的境外买方,经常会要求被保险人出口商或银行同意重新安排出口信用款项的付款期限。他们可能会要求延长付款期限,但也可能会要求降低利率,甚至是要求减少信用款项本金。一般而言,在双方对信用款项重新谈判时,有担保的债权人比没有担保的债权人,具有更优势的谈判地位,尤其是当担保设立在境外买方的主要资产或日常经营业务所必需的资产之上时。境外买方经常会认可有担保债权人的优势谈判地位,因为他们实现担保的可能性更大,也就更有意愿接受重新安排的解决方案。

当境外买方与其主要债权人针对负债总额重组进行多边谈判时,情况与上述双边谈判类似。在重组程序和重组协议谈判过程中,境外买方和没有担保的债权人,通常认可有担保的债权人具有更优势的谈判地位和扮演更有影响力的角色。

ECA 清楚上述情况中有担保的债权人的优势地位,这也是当 ECA 考虑承保出口信用风险时,会要求交易中需提供担保的另一个原因。

在对具有担保债权人身份的被保险人出口商或银行理赔后,ECA 在尝试追偿债务时,可以从被保险人的优势谈判地位中受益。本书第 19 章将介绍与 ECA 支付索赔相关的,境外买方信用债务的重组和重新安排。

17.6 实现担保

在实践中,获得 ECA 保险的有担保债权人,并不经常需要实现担保,因为大多数 ECA 保险承保的出口信用款项都能按期支付,被保险人出口商和银行不需要实现担保。但有时候也会需要实现担保,尤其是当境外买方无法通过重新协商信用款项来解决经济困难的时候。担保债权的实现,可能是在境外买方的破产程序开始之前或之后进行。如果担保设立在境外买方的有形资产之上,则通常通过司法程序进行强制执行,包括从境外买方处取得资产,并在公开拍卖中出售。出售资产的收益将支付给担保债权人,用于抵充未偿还的信用款项。如果担保财产是境外买方的应收账款,或者是以保证的形式担保信用款项支付,且境外买方的债务人或者保证人愿意并能够向被保险人出口商或银行付款的,就不需要进行司法程序了。如果境外买方的债务人或保证人有支付能力却不愿意履行的,则需要通过司法程序来实现担保债权。

在境外买方破产程序开始后的一段时间内,作为担保债权人的被保险人出口商或银行,可能会被禁止实现担保债权。这一程序有时被称为破产中债权人权利的冻结,一般是规定在一些司法管辖区的破产法中。这可能会给被保险人出口商或银行带来麻烦,因为在冻结期间担保财产可能会失去价值。

尽管担保的实现程序非常复杂,但在许多司法管辖区中都是合理有效的,尤其是在司法体系稳定且法治水平较高的国家。但是即使在这些司法管辖区,通过司法程序来执行担保的经济收益,也取决于担保财产的价值和市场流通性。

17.7 担保的不确定性

为出口信用付款提供担保以及实现担保债权,一般是较为简单的程序,但有时也会比较复杂,因为出口信用款项的担保一般是设立在境外的资产之上的,会受到当地法律的管辖。因此,被保险人出口商或银行,甚至是 ECA 必须了解当地关于处理担保的法律法规,由于 ECA 接触的国家数量众多,了解相关法律并不容易。

某些司法管辖区会要求对担保进行登记,这会造成不确定性,尤其是当担保财产是境外买方的有形资产时。登记的要求可能很难满足,且登记程序也需要收费。有时外国债权人会聘请当地律所或者其他专业人员来完成登记程序。即使境外买方愿意在其资产上设立担保,考虑到登记程序的复杂性和成本,出口商可能会不愿意在出口信用交易中进行担保登记。

在提供 ECA 保险时,对各种类型的担保进行评估,对于出口商、银行和 ECA 来说可能都比较困难,尤其是当他们本国没有该担保类型,或他们对该担保类型不熟悉的情况下。一些重要的担保类型,比如英国法律中对公司资产的浮动抵押,并不是在所有的司法管辖区都存在。同样,允许在境外买方的未来资产(也被称作后得资产)之上设定担保,在基于英国法的法律体系中有规定,而在多数其他法律体系中并不被接受。

17.8 债权人协议中的担保

同一个境外买方的两个或两个以上的债权人之间,有时会签订债权人协议来规定担保债权的行使。当境外买方是大公司并且从银行借出巨额贷款时,需要签订此种协议。债权人协议规定,任何银行在决定加速贷款偿还,或者对违约的境外买方采取任何法律行动前,需要征得所有银行的同意。债权人协议还会规定决策方法,一般是多数投票通过,有时还会规定一个或几个债权人的否决权。

担保债权人实现担保,是债权人协议中经常规定的另一个重要事项。当债务重组将会为所有债权人带来较好的经济收益时,而如果其中一个债权人实现担保债权,就可能会造成境外买方破产。因此债权人协议规定,只有当其他所有担保债权人都同意的情况下,单个担保债权人才可以实现担保债权。有些债权人协议还会规定,单个担保债权人实现担保债权所得的收益,需要与所有担保债权人共享。包含该规定的债权人协议,可以限制单个担保债权人的权利,并且促使所有债权人共同作出重大决定,如可能对境外买方的业务造成负面影响甚至导致其倒闭的决定。

由于境外买方的现有债权人明白,境外买方可能需要新的贷款来经营其日常业务,债权人协议还可能会规定与新的债权人共享现有的担保。被保险人出口商或银行需要向 ECA 汇报共享担保一事,因为 ECA 是按照最初设定担保时的情况进行的评估;当需要与其他债权人共享担保的时候,ECA 必须重新评估新情况下的信用风险。

作为债权人协议的当事人,被保险人出口商或银行可能难以遵守 ECA 的指示,如要求实现担保或者向违约的境外买方采取法律行动。如果债权人协议的其他当事人决定不采取上述行动,则被保险人出口商或银行将被禁止遵循 ECA 的指示。因此,出口商或银行在申请 ECA 保险时需要告知 ECA,其对违约的境外买方采取的法律行动,可能会受到现有的债权人协议条款的限制或禁止。

17.9　准担保

ECA 承保的贸易合同中的担保条款可能并不是正式的担保,但具有相似的效应。这类合同称为准担保。ECA 经常承保的准担保合同,包括租赁合同,以及包含所有权保留条款的货物销售合同。

在租赁合同中,作为出租人的被保险人出口商或银行,有权从违反定期支付租金义务的境外买方或承租人处取回租赁物。通常实现取回租赁物的权利比担保更容易,ECA 认为在境外买方违约时,此项权利对于出口商或银行来说,是一种强有力的合同救济措施。

所有权保留条款规定,当信用款项全额支付给被保险人出口商时，所购货物的所有权才会转移给境外买方。如果发生违约，作为货物所有人的被保险人出口商，有权从境外买方处取回货物。与上述租赁合同一样，这也是一种强有力的合同救济措施。

取回货物通常不是ECA对被保险人出口商进行赔偿的条件。如果货物不能在二级市场上出售或者二级市场上的价格很低，较好的解决办法是仍由境外买方占有并使用货物，以便能在将来支付信用款项。实践中，取回货物或者对境外买方采取其他行动，应当由被保险人出口商或银行与承保的ECA协商决定。由于准担保具有与担保相似的效应，因此ECA在评估出口信用交易中的信用风险时，会将此类合同评估为担保合同。

实践中的准担保

订立租赁合同或在货物销售合同中加入所有权保留条款，是特定类型的工业产品交易中的交易习惯。这些合同通常是标准化的，对承保此类合同中的出口信用风险有经验的ECA，会假定特定出口商的所有合同都包含准担保条款。因此，当个别合同中不含有此类条款的时候，出口商需要告知ECA，因为这可能会影响ECA对该交易中信用风险的评估。

17.10 消极保证

当 ECA 评估信用风险时,它可以按上述方式要求提供担保,但也可能会限制境外买方在未来为其他信用款项支付提供担保。在国际贷款协议中一般会规定在消极保证条款中,这也是此类合同的标准条款。这个名称可能会引发误解,因为消极保证条款还经常会限制境外买方在其资产上设定担保,而不仅仅是保证。消极保证条款禁止境外买方未经作为贷款人的被保险人银行的同意,在其资产上设立新的担保。当境外买方征求银行的同意时,银行有义务先征得 ECA 的同意。消极保证条款是另一种可以控制境外买方业务的方式,控制境外买方业务,也是提供担保的主要目的之一。

本书第 8 章也提到了贷款协议中所使用的消极保证条款。

18 再保险

原保险人可能会决定将一项或多项风险转移给二级保险人,二级保险人会收取一定的保险费,这称为再保险。二级保险人只对原保险人负责,原保险人对被保险人负责并处理损失发生前后的所有事项。在再保险合同中,原保险人称为保险人,二级保险人称为再保险人。再保险合同可以承保组合风险或单一风险。

保险公司可能会决定对风险进行再保险,以便创造更多容量来承保新的风险或平衡其风险组合,并保护公司免受损失。保险业务中对风险的再保险非常频繁,这一业务如果没有再保险公司是无法运作的。全球再保险市场被相对数量较少的,专门从事此类业务的大型跨国保险公司所主导。

在讨论出口信用机构(ECA)语境下,有两种类型的再保险合同最为重要。其一,成数再保险,是指再保险人按照保险人收取保险费的一定比例收费,并按照保险人的损失的同等比例向保险人赔付。在这种类型的再保险中,保险费和损失按比例分摊。成数再保险通常用于对单一风险的再保险,因为是按比例分担风险,也被称为比例再保险。

超赔再保险是另一种重要的再保险合同,是指保险人发生单笔损失或多笔损失超过特定金额后,再保险人同意赔付超过该金额的损失的一种保险。保险人向再保险公司支付的保险费不是按照比例分摊。因为保险费和损失并不是按照比例再保险的方式分摊,该类型的再保险也称为非比例再保险。

18.1　ECA 业务中的再保险

在承保涉及第三国当事人的交易及管控信用风险组合时,再保险对于 ECA 显得非常重要。ECA 风险的再保险可能会采取两种形式,这取决于与 ECA 签订再保险合同的再保险人的身份。第一种形式是 ECA 之间的再保险,第二种形式是由私人再保险公司对 ECA 风险的再保险。

18.2　ECA 之间的再保险

ECA 之间的再保险是在两个及以上的 ECA 之间分担信用风险,其中原 ECA 承保的部分信用风险由再保险人 ECA 再保险,再保险人可收取一定的保险费。再保险人 ECA 只对原 ECA 负责,原 ECA 对被保险人出口商或银行负责。

在 ECA 之间对信用风险进行再保险的原因,是本书第 14 章所述的出口货物或服务中的外国成分。受经济全球化的影响,许多出口货物都会使用其他国家的组件生产。当这些货物以信用条件出口时,通常需要从最终产品出口国的 ECA 处获得保险。通过承保此类出口信用交易,出口国的 ECA 既支持了本国出口,也支持了组件采购国的出口。但以这种方式提供保险,与 ECA 业务的目的不符,即仅支持本国出口。ECA 承保信用风险的容量是有限的,如果将其用于支持其他国家的出口,则可能导致无法承保本国出口的信用风险。因此,ECA 不愿向含有大量外国成分的交易提供信用风险承保,特别是对可能会占用其较大部分容量的大型出口交易。

为了促进含有大量外国成分的出口信用交易,ECA 可能会与其他 ECA 签订再保险合同以分担信用风险。该再保险合同的双方当事人,一方是承保了最终产品出口的全部信用风险的 ECA,另一方是承保了与其所在国采购组件的价值成比例的部分信用风险的再保险人 ECA(见图 18.1)。两个 ECA 之间按照所承保的风险份额比例分摊保险费。

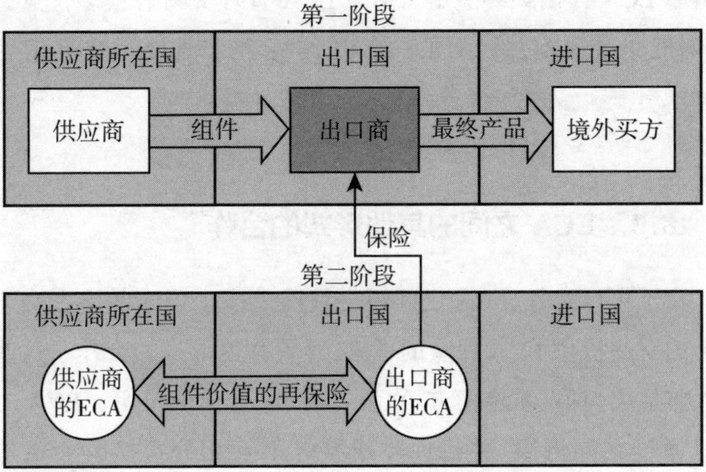

图 18.1　不同 ECA 之间的再保险

再保险是 ECA 之间最常见的风险分担方式。一般认为,再保险为 ECA 之间的合作提供了最佳解决方案,并为中小型组件的卖方,提供了参与大型出口项目和进入新市场的机会。

再保险合同可以采用的形式,包括使用一个主合同管理 ECA 之间的所有未来交易,或是使用单个合同承保一个特定的信用风险。ECA 之间的再保险合同包含主要术语的定义、合同方权利和义务条款、保险费支付、货币、信用款项支付期限的可能的重新安排及法律适用等。ECA 之间通过再保险分担信用风险的机制,对于卖方信用交易和买方信用交易都可以适用。

当 ECA 再保险信用风险时,原 ECA 负责整个交易的管理,包括签发 ECA 保单以及后续所有阶段的事宜。原 ECA 可能会就信用风险的相关事项征询再保险人 ECA 的意见,但关于这些事项通常由原ECA作出最终决定。由原ECA管理交易有很多优点。例如,降低交易成本、适用同一组ECA标准术语处理全部信用风险等。

18.3 ECA之间的其他形式的合作

除了再保险外,ECA之间还会就涉及多个国家的多方当事人参与的交易提供ECA保险的事宜,开展其他形式的合作。这些当事人包括出口商、主要卖方、次级卖方、联合体成员等。ECA之间可以通过共同保险、并行保险或签订不互相分担风险而由单一ECA承保一定比例外国成分的协议的方式来开展合作。

18.4 ECA之间的共同保险

共同保险是联合参与一个出口信用交易的ECA之间的另一种合作模式。两个及以上的ECA之间可以达成共同保险协议,其中一个出口商作为与境外买方有关的主要卖方,其最终产品或服务又包含来自其他国家的一个或多个次级卖方所交付的组件。次级卖方与境外买方之间没有直接的合同关系,主要卖方收到境外买方的付款后,会再向次级卖方付款。然而,交付货物的次级卖方所在国的ECA会有意愿向次级卖方提供保险,作为主要卖方的出口商会从出口国的ECA获得保险,所有参与的ECA之间签订共同保险协议。

ECA之间的共同保险,可能会发生在,由来自不同出口国的两个及以上的出口商以联合体的形式进行的联合交易之中。该联合体协议约定只有作为联合体牵头人的一个出口商，负责向境外买方开具发票、接收付款并转付给其他联合体成员。其他联合体成员与境外买方之间没有直接的合同关系，他们无法从本国的ECA处获得保险。这种情况的解决方案是通过共同保险来获得ECA保险。联合体牵头人从其本国的ECA处获得保险，然后该ECA与其他ECA签订共同保险协议，其他ECA按份额承保其他联合体成员的信用风险。

ECA之间的共同保险协议约定，由向主要卖方或联合体牵头人提供保险的ECA，对外代表参与交易的所有ECA。该ECA代表有义务向其他ECA通知有关境外买方可能的付款违约、无力偿债、信用款项的双边重新谈判、境外买方债务总额的重组及追偿等情况。当数个ECA参与单一交易时，比起每个联合体成员与境外买方就交易中包含的部分货物单独签订合同，共同保险更加高效和简单。

参与共同保险合作的单一ECA，为单个联合体成员提供的保险条款可能不尽相同，也不需要在ECA之间协调统一。参与共同保险合作的ECA在决策过程中是独立的，与各个联合体成员的关系也是独立的。现今，ECA已不再经常使用共同保险和下述的并行保险，这是因为再保险合同已经解决了许多问题。

18.5　ECA之间的并行保险

并行保险是两个及以上的ECA之间的一种合作模式，通常发生在来自不同国家的两个及以上的出口商或银行与同一境外买方签订独立的贸易或贷款合同的联合交易之中。在该交易下，每个出口商或银行可能会从其所在国获得独立的ECA保险。参与的ECA不会在他们之间分担信用风险，但可以通过规定信息交换机制来合作处理这种风险。参与的ECA所提供的独立ECA保险保持不变，并不受并行保险的影响。

18.6 单一ECA保险的外国成分比例

在不互相分担风险的前提下，ECA之间可能会以双边协议的方式，在最高特定比例以下为对方的外国成分提供保险。因此，每个签约的ECA同意为其他国家的外国成分提供保险，而不需要其他国家的ECA参与。现今，这种两家ECA之间的双边合作已经很少应用，因为再保险模式为含有外国成分的出口信用交易提供了其他的解决方案。

18.7 ECA与私营再保险机构之间的再保险

与ECA之间的再保险不同，此类再保险是基于在私营保险公司之间所适用的再保险的一般原则。由于ECA有各国的财政支持，可以涵盖ECA业务中的任何赤字，所以研究ECA为何对其投资组合中的信用风险仍寻求私人再保险，就显得非常有趣。

ECA承保的信用风险在私人再保险市场上进行再保险，有两个主要原因。其一是通过将现有风险转移给再保险公司，可以为

ECA 提供额外的容量来承保新的出口信用风险。ECA 对其所承保的信用风险有内部限制，当达到这些限制阈值时，他们只有通过将一些现有信用风险转移给其他人来增加其容量，才能承保新的出口交易。其二是避免特定类型的风险集中，以平衡 ECA 的信用风险组合。

ECA 可能有兴趣对单一信用风险进行再保险，通常采用成数再保险的形式（见图 18.2）。但是 ECA 也可能会对其风险组合中的若干风险采用超额再保险的形式（见图 18.3），或采用成数再保险与超额再保险的组合形式。

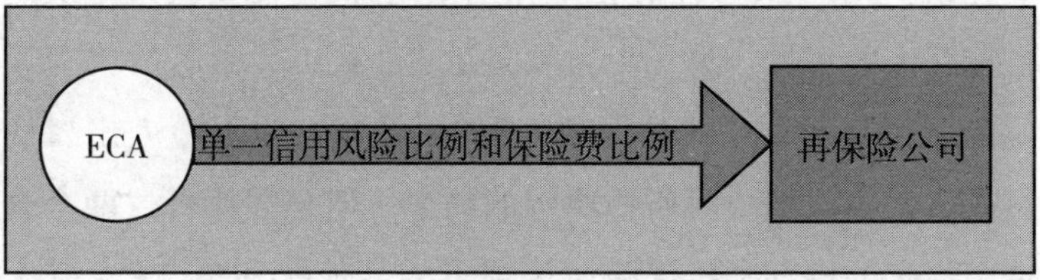

图 18.2　ECA 与私营再保险公司的成数再保险

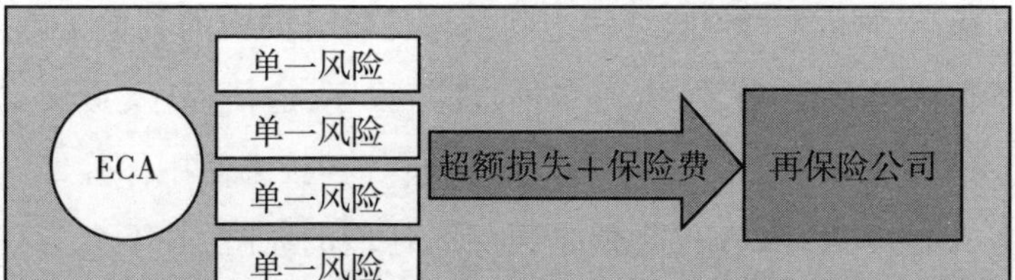

图 18.3　ECA 与私营再保险公司的超额再保险

当对投资组合中的信用风险进行再保险时，ECA 可能会决定仅就部分信用风险进行再保险。ECA 可能会在其承保政治和商业风险的交易中,仅为政治风险寻求部分再保险。与提供给被保险人出口商或银行的保险相比,ECA 可能会寻求风险期限较短或承保比例较低的再保险。这取决于 ECA 对投资组合所受特定风险影响的计算,以及私人再保险公司对 ECA 条款项下的信用风险进行再保险的意愿。

ECA 要求在与私人再保险公司的再保险协议中包含特定条款,最重要的一个是"共命运"条款。该条款规定再保险协议的再保险人,应受 ECA 关于保单条款的解释和支付赔偿金的约束。换言之,再保险人有义务遵循被再保险人 ECA 关于这些事项的决定。此条款允许 ECA 可自由地作出决定,而不需要就特定决定征询再保险人的意见。另一个重要条款是"索赔共命运条款",该条款规定再保险人受到被再保险人 ECA 就其与被保险人出口商或银行在索赔争议解决时所作决定的约束。但是在执行这两个合同条款中规定的权利和再保险协议项下的其他权利时,ECA 基于管辖再保险合同的法律规定,有义务本着诚信或最大诚意行事。

ECA 与私人再保险公司之间的再保险合同中的其他条款,包括承保风险的定义、保险费支付、理赔程序、追偿程序、费用支付等。ECA 在为他们的风险寻求私人再保险时,会使用保险经纪人服务,因为许多 ECA 仅会偶尔再保险他们的风险,并不会与私人再保险公司保持持续的业务关系。

19 索赔和赔偿

获得出口信用机构(ECA)保险的目的,是对于境外买方未支付信用款项而造成的损失能够获得赔偿。实践中,向ECA申请索赔和获得赔偿分为若干个阶段。当境外买方发生信用款项支付违约时,被保险人出口商或银行需要将该情况通知ECA。在针对未付的信用款项金额支付赔偿之前,ECA会设置一定的等待期。在此期间,被保险人可能会被要求实现为信用款项所提供的担保,并采取其他必要措施来减少或避免损失。在等待期结束后,被保险人向ECA转让信用款项的索赔权,并要求ECA赔偿。最后一个阶段,即ECA向被保险人出口商或银行支付赔偿。

有些ECA使用"赔偿"一词,而另一些ECA在赔偿被保险人出口商或银行的损失时使用"索赔支付"。其实两个术语都可以适用,但为避免与本书中提到的其他索赔相混淆,本章均使用"赔偿"一词。(见图19.1)

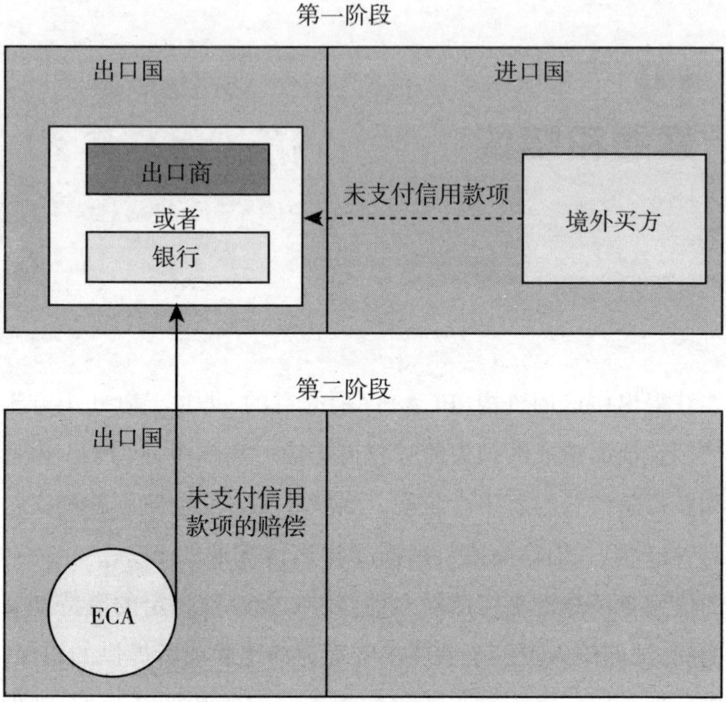

图 19.1　未支付信用款项的赔偿

19.1　拒付通知、索赔和等待期

被保险人出口商或银行有义务通知 ECA 关于其承保项下的信用款项未支付的情况,因为 ECA 并不监控其承保的信用款项支付情况,被保险人的通知是 ECA 获得相关情况的唯一方式。被保险人有义务在 ECA 保单规定的期限内,以书面或电子形式通知 ECA 信用款项未支付的情况。一些 ECA 在其网站上,提供了通知信用款项未支付情况的标准化表格。

甚至索赔申请也可以使用标准化的表格,但这种申请也可以使用简单函件的形式。该函件必须包含关于ECA保单、未付款金额到期日以及被保险人要求支付赔偿的信息。向ECA提出理赔申请的时间,可能会在发出不付款通知的同时,或在等待期到期之前或之后。由于境外买方可能在等待期支付其先前未付的信用款项金额,因此索赔申请可以等到等待期结束前的5日到10日提出,是比较现实的做法。ECA索赔处理期在等待期结束后立即起算,ECA应当及时向被保险人支付赔偿,而不应有不必要的迟延。

大多数ECA不会立即支付赔偿,因为他们适用等待期制度,通常是在境外买方信用付款到期日之后的90天或180天。设置等待期的目的,是确定信用付款是不是因为轻微困难所引起的暂时性迟延,是否可以在短期内得以解决。等待期也使得ECA有时机来审查案件,并确定境外买方不付款的原因。此外,评估导致不付款的事件是政治事件还是商业事件,是十分有必要的,因为ECA对因这两种类的事件所受损失的承保比例不同。在紧急情况下,被保险人或ECA可以在等待期采取行动以减少或避免损失。

当境外买方明显无法支付逾期的信用款项时,一些ECA将不适用等待期。这种情况包括境外买方破产,或开始债务总额重组的司法程序。但是,ECA保单条款对于等待期的设置各不相同,在申请ECA保险时,审查特定保单的条款非常重要。

在等待期届满后，许多ECA将延迟一段时间支付赔偿，有时称为索赔处理期。该期限通常为15日至30日，用于处理索赔并向被保险人出口商或银行付款。

术语

ECA会在索赔和赔偿程序中使用“超期拖欠”一词，因为它包括未支付信用款项以及紧接着的等待期二者的总和。当满足超期拖欠的这两项要求时，被保险人出口商或银行才有资格获得ECA的赔偿。

19.2 等待期的利息支付

ECA保险条款对于等待期利息支付的规定有着很大的差异。一些ECA在所有交易中都支付等待期的利息，而另一些ECA在这方面限制得更加严格。一些ECA就支付等待期利息收取额外保险费，被保险人出口商或银行在申请ECA保险时，可以选择是否支付这笔保险费。一些ECA仅在基础贸易或贷款合同规定境外买方有义务支付信用款项延迟付款利息时，才予以支付等待期利息。由于不同的ECA对等待期利息的支付适用不同的条款，因此在申请ECA保险时审查特定保单的条款非常重要。

另一个需要审查的条款是，当超过索赔处理期限时，ECA 是否对赔偿金额支付利息。如果对付款延迟存在过错，大多数 ECA 都会支付此利息。但是，由于被保险人迟延提供处理索赔必要的所有文件而导致索赔处理期限延长时，ECA 将不会支付任何利息。

19.3　被保险人向 ECA 转让信用债权的索赔

作为支付赔偿的条件，被保险人出口商或银行必须将未付的信用款项金额的索赔转让给 ECA。索赔的转移可以以转让或代位求偿的形式进行。这些术语在不同法律体系中具有不同的含义，在将索赔转让给 ECA 时必须注意这一点。

在讨论 ECA 的语境下，转让是指将被保险人对境外买方未付信用款项的索赔从被保险人转移给 ECA。转让以书面形式进行，如果 ECA 打算直接向境外买方追偿其未付的金额，则必须将该转让通知境外买方，并指示其直接向 ECA 付款（见图 19.2）。

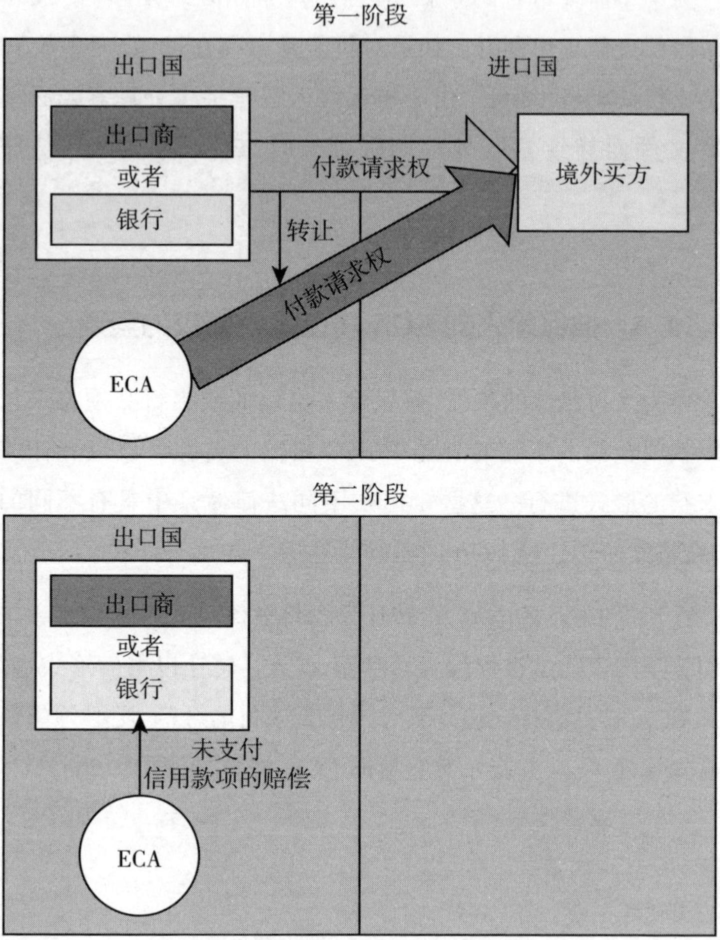

图 19.2　转让对境外买方的付款请求权

ECA 可能会决定不通知境外买方有关付款索赔的转让。不通知买方的一个可能原因,是境外买方所在国存在外汇管制法规,要求 ECA 取得将付款汇兑出境的许可。这是因为约定的信用款项的支付方式，通常是以硬通货从境外买方所在国汇兑出境到约定的付款地点。由于获得许可通常很复杂且昂贵，一些 ECA 不愿意参与此类程序。相反，他们允许已经获得必要许可的被保险人，继续作为债权人从境外买方处收取追偿金额。在追偿金额汇兑到境外买方所在国以外的被保险人账户后，被保险人可以很容易地将这笔金额转入 ECA 的账户。

如果被保险人出口商或银行在没有 ECA 参与的情况下，继续进行追偿谈判或实施对境外买方的付款索赔，则从境外买方处追回未付信用款项的可能性会更大。当境外买方意识到被保险人出口商或银行已经从 ECA 获得赔偿时，可能会对其支付逾期信用款项金额的意愿产生负面影响，尤其是当其直接向 ECA 支付时。发生经济困难的境外买方，可能会决定先向其他债权人付款，而延迟向 ECA 付款。因为境外买方会认为 ECA 财力雄厚、有国家支持并且比其他债权人可等待更长的付款时间。

19.4 转让索赔和转让合同的区别

区分转让合同和转让对境外买方的付款索赔是很重要的。大多数 ECA 并不要求向他们转让基础贸易或贷款合同，因为这意味着 ECA 将取代被保险人出口商或银行而成为合同的当事人。转让合同也称为变更合同。向 ECA 转让未付信用款项的索赔仅仅限于合同中的单方权利，而整体合同转让则包括被保险人出口商或银行在合同中权利和义务的一并转移。在向 ECA 转让付款索赔后，被保险人出口商或银行仍然是贸易或贷款合同的当事人，并保留合同项下的其他所有权利和义务。

19.5 索赔的可转让性

在许多司法管辖区,允许在未经境外买方同意的情况下,转让未付信用款项金额的索赔,但该权利可能受到多种形式的限制。因此,ECA 保险的申请人,应当根据贸易或贷款合同中的约定适用法律,并根据外国货币从境外买方所在国汇兑出境的法规,调查是否允许转让。如果适用法律要求需征得境外买方同意后,才能向 ECA 转让信用款项索赔,则可行的办法是在贸易或贷款合同中加入境外买方同意转让的条款。

一些贸易或贷款合同约定,被保险人出口商或银行将付款索赔转让给包括 ECA 在内的任何第三方,都需经境外买方同意。实际上,这意味着境外买方可以自行决定不准许被保险人向 ECA 转让付款索赔。当贸易或贷款合同中包含该约定时,ECA 保险的申请人应当在保单签发之前告知 ECA。

当贸易或贷款合同明确禁止向包括 ECA 在内的第三方转让对境外买方的付款索赔时,ECA 保险的申请人有义务在保单签发之前告知 ECA。在这种情况下,一些 ECA 可能会考虑放弃要求转让未付信用款项金额的索赔。

19.6 索赔的代位求偿

代位求偿是另一种将对境外买方的付款索赔,从被保险人出口商或银行转移到 ECA 的方式。代位求偿意味着 ECA 根据被保险人出口商或银行与境外买方之间的贸易或贷款合同中的特殊条款约定,有权接管索赔。与要求有转让文件的索赔转让不同,通过向被保险人出口商支付赔偿金,ECA 自动代位取得向境外买方付款索赔的权利。换言之,ECA 在没有贸易或贷款合同中任何一方的任何额外同意的情况下,直接接替被保险人的位置。当贸易或贷款合同中包含 ECA 代位求偿权的条款时,有必要根据合同的管辖法律和规定外国货币从境外买方所在国汇兑出境的法规,审查代位求偿是否有效和可执行。

有时境外买方所在国的保险法规定了代位求偿权,通常是国内保险公司代为接管对造成损失的人提出损害赔偿的权利。根据该规定,保险公司在赔偿被保险人的损失后,有权利代位进行损害索赔。但是,这样的立法规定是否适用于承保国际贸易或贷款合同中信用风险的国外 ECA,是不明确的。因此,如果满足其他的法律要求,最好将 ECA 的代位求偿权约定在贸易或贷款合同中。最后,“转让”和“代位求偿”这两个术语在不同的法律体系中可能有不同的含义,在谈判和组织出口信用交易时,ECA 保险的申请人必须注意这一点。

在与境外买方的贸易或贷款合同中约定转让或代位求偿的合同条款可能很复杂,尤其是当境外买方具有强势的谈判地位并拒绝接受将任何合同权利转让给第三方时。当境外买方是遵循公共采购程序的主权实体或公共实体,其与被保险人出口商或银行签订合同时,特别容易出现这种情况。这种程序要求公开拟签订的合同条款,以便向有意提出要约或投标的所有各方提供。在接受选定的要约后,这些条款不能修改或重新协商,而这可能会阻碍向 ECA 转让付款索赔。

19.7 实现担保和赔偿

境外买方或第三方,可能会为 ECA 所承保的交易中的信用款项支付提供担保。最常用的担保类型,是在贸易或贷款合同所提供的货物之上设立非占有的抵押,以及由境外买方的母公司提供保证。但是,被保险人和境外买方可能会协商提供其他类型的担保。例如,固定或浮动抵押、固定资产抵押等。如本书其他章节所述,在位于境外司法管辖区的资产上设立的担保的价值是不确定的,而 ECA 在分析其承保交易的信用风险时,对该资产的估值会非常低。

当境外买方对已提供担保的信用款项支付发生违约时,问题在于被保险人出口商或银行在向 ECA 索赔之前,需要对担保做什么。这个问题很复杂,因为 ECA 可能要求被保险人以多种方式行事,这取决于担保类型、执行所需时间、执行成本的估算以及通过出售担保资产可以追回的金额。

在申请赔偿之前,大多数 ECA 并不要求被保险人出口商或银行穷尽所有法律救济措施来实现担保。实现担保可能是一个漫长而复杂的司法程序,可能需要几年时间,而让被保险人一直等待从 ECA 处收取赔偿金,是不合理的。ECA 向被保险人赔偿前,设置如此漫长和不确定的等待期,将使出口商和银行失望,而不愿意在与境外买方谈判交易时提出担保要求。这可能导致被保险人出口商和银行的不平等待遇,其中无索赔担保的被保险人将立即得到ECA的赔偿,而对有索赔担保的被保险人的赔偿将被推迟,直到实现担保完成。因此,大多数ECA不要求被保险人在申请赔偿前,穷尽所有救济措施来实现担保。被保险人出口商或银行可能需要做的是,通过在保证项下要求付款或启动执行程序,来实现担保。被保险人应当采取哪些行动,取决于每个案件的情况以及被保险人与ECA之间的协商。

当实现担保涉及销售货物、设备、机器、土地或建筑物时,被保险人可能无须在向ECA索赔和收取赔偿金之前实现担保。ECA可能会决定,当担保资产无法在二级市场出售,或当市场价格远低于境外买方未支付信用款项所引起的损失,或当实现担保所能追回的金额低于实现程序所需成本时,不会采取实现措施。此种情况的一个例子是,出售特制机械所需的拆卸、运输和储存成本,高于潜在买家愿意支付的价格。

另一方面,当担保是第三方提供的保证时,要求保证人付款相对简单。因此,许多ECA要求被保险人在向ECA索赔之前,需先在保证项下主张付款。当完成付款主张并且保证人未在保证规定的期限内付款时,被保险人才有资格向ECA索赔。在追偿程序中,对保证人采取的任何进一步的行动,将由被保险人和ECA协商确定。

实现担保可能是一个复杂的程序,一些被保险人出口商和银行更愿意在索赔时向 ECA 转让担保。一些出口商和银行认为，ECA 代表一个国家行事会震慑买方，使得其追偿赔偿金额会比实现担保更加容易。但是，通常情况并非如此，无法向被保险人出口商或银行支付信用款项的境外买方，也同样无法向 ECA 付款。

当决定实现担保时，大多数 ECA 都会指示被保险人这样做，而 ECA 不会参与执行程序。被保险人实现担保所产生的费用，ECA 会根据承保比例进行赔偿。

19.8 向 ECA 转让担保

如果被保险人在申请理赔之前未实现担保，则一些 ECA 可能要求被保险人向其转让担保。这类似于 ECA 要求转让对境外买方的付款索赔，但这通常不是从 ECA 处获得赔偿的强制性要求。向 ECA 转让担保可能很复杂，并且在尝试实现它时可能会出现一些困难。由于担保资产通常位于境外买方所在国，转让和实现担保应当适用当地法律。当地法律可能禁止转让担保或要求满足如公开登记、支付印花税等手续。在某些司法管辖区，当地法律要求转让担保需获得境外买方同意，并且必须经过公共机构的公证或认证。获得境外买方的同意并满足手续要求，可能是一个漫长的过程，而且还可能需要支付费用和印花税。

一些当地法律要求需取得特殊许可，才能在其所在国运营资产并在资产上设立担保。由于国外 ECA 不持有此类许可，在此类资产上设立的担保无法转让给 ECA。当在提供公共服务的境外买方运营的特定资产上设立担保时,当地法律可能会限制向 ECA 转让担保。在此情况下,对 ECA 来说更好的解决办法,是放弃转让担保的要求,让被保险人继续以有担保的债权人身份行事。

19.9　确认索赔

一般认为,ECA 会以专业的态度,迅速地处理索赔,而不会发生不必要的迟延。ECA 在国际上被认为是可靠的保险公司,他们不会通过在其保单中使用"细则"条款来规避支付赔款。但是,ECA 必须通过审查索赔是否正当并到期,来确认索赔。这包括确认境外买方没有通过主张被保险人出口商或银行违反基础贸易或贷款合同,而对其付款义务提出异议。

ECA 还必须确认被保险人已将其对境外买方的付款索赔转让给 ECA,并且该索赔是在规定的期限内提出的。确认索赔和付款,通常需要在等待期满后 30 日内完成。确认程序,也称为索赔处理程序,包括 ECA 的内部决策流程,可能需要经董事会或 ECA 内部的类似机构批准,尤其是在处理大额赔偿时。如果 ECA 处理索赔超过 ECA 保单规定的期限,则大多数 ECA 将对迟延支付的赔偿金支付利息。

19.10　赔偿范围

ECA 保单经常通过设置最高赔偿限额和承保比例,来限制对被保险人的可付损失金额。例如,如果最高赔偿限额为 100,000

美元,承保比例为90%,则ECA可向被保险人出口商或银行支付的赔偿金的最高金额为90,000美元。大多数ECA将承保比例适用于任何金额的损失,这意味着被保险人有权对每1美元的损失获得90%的赔付。ECA应赔付的损失范围,通常仅限于境外买方的正常合同付款义务,包括本金金额和合同利息。而延迟付款利息、境外买方违约赔偿金、应付税金总额等,通常不包括在ECA赔偿范围之内。

如本书第21章和其他部分所述,当提供的ECA保险适用经济合作与发展组织(OECD)《官方支持出口信贷的安排》时,ECA承保的最高赔偿限额是出口合同价值的85%。剩余的15%出口合同价值必须提前支付,意味着它不能由ECA承保。而在不适用《安排》的其他交易类型中,ECA承保的最高赔偿限额,可以是境外买方按信用条件支付的全部合同价格。这些交易也不要求必须支付预付款。

当同意境外买方一次性支付全部信用款项时,ECA的支付达到最高赔偿限额的风险会更高。如果境外买方发生付款违约,ECA支付的赔偿金额将受到承保比例和最高赔偿限额的双重金额限制。

当信用款项分期支付时,ECA的支付达到最高赔偿限额的概率较低,因为境外买方通常不会对信用款项的所有单期付款都发生违约。因此,ECA支付的赔偿金额可能低于最高赔偿限额,因为ECA只需赔偿被保险人未付的分期款项。但是,也有可能境外买方对信用款项的所有单期付款都违约,在这种情况下,ECA支付的赔偿金也可能达到最高赔偿限额。

19.11　赔偿方法

如果信用款项是在未来以多笔分期付款的方式支付，境外买方有可能对某一次分期付款发生违约。当承保分期付款的信用款项时，ECA 将按照分期付款的到期时间，分别向被保险人出口商或银行赔偿。如果 ECA 承保一次性支付的信用款项，ECA 将在全部信用款项到期后，一次性向被保险人出口商或银行赔偿。

阐明 ECA 采用的赔偿方法与贷款协议中经常约定的加速到期条款之间的联系十分重要。加速到期条款使得银行在境外买方对某一期债务支付发生违约时，有权对全部未付金额宣布到期并要求支付。同样的条款也会包含在出口商和境外买方之间签订的分期支付信用款项的贸易合同中。如果银行或出口商将所有未来的分期付款加速到期，问题在于 ECA 是要根据原定付款计划支付赔偿金，还是要立即赔付加速到期的全部未偿还的信用款项金额。答案是，大多数 ECA 将根据原定付款计划，仅赔偿到期的未付分期款，而非加速到期的全部未偿还的信用款项。ECA 保单的标准条款通常规定将采用这种特殊的赔偿方法。

ECA 可能会指示被保险人银行或出口商对贷款或信用款项加速到期，作为境外买方未支付某一期分期款的救济措施。但是，ECA 启动的出口信用款项加速到期，通常并不会导致 ECA 的赔偿加速到期。这是 ECA 保险与其他类型的由保证人提供的保证之间的重要区别。例如,母公司为其子公司分期偿还贷款而提供的保证。母公司的保证通常约定,子公司贷款的加速到期的全部未偿还金额,应当由母公司立即支付。

在特殊情况下,如果境外买方未支付一笔或多笔分期付款,一些 ECA 可能会同意赔偿被保险人的全部未支付信用款项金额。这种赔偿方法称为全部未付信用款项金额的提前赔偿。但是,提前赔偿不一定是与境外买方有关的信用款项加速到期的结果,即使未发生信用款项的加速到期,ECA 也可能会提前赔偿。提前赔偿是一般规则的例外,通常需要有特殊情况的合理事由。当 ECA 提前赔偿全部未偿还的信用款项金额时,在赔偿日之后才到期的分期信用款项,通常以适当的贴现率贴现支付。

大多数被保险人银行对收到 ECA 的提前赔偿不感兴趣,因为这与提前偿还贷款的费用成本有关,通常称为违约罚金。违约罚金通常不包括在 ECA 保险中,这意味着 ECA 不会向被保险人银行赔偿。但是,被保险人出口商可能对提前赔偿境外买方的所有将来应付款感兴趣,因为出口商在与境外买方的贸易合同中不包括违约罚金。是否提前赔偿取决于 ECA 的意愿。

19.12　有权索赔的当事方

ECA 保单中记载的被保险人,有权向签发保单的 ECA 申请赔偿。被保险人是以信用条件向境外买方提供货物或服务的出口商,或者是向境外买方提供贷款,用以从出口国采购货物或服务的银行。在讨论ECA保险的语境下，被保险人出口商或银行通常是一个法人实体，而非个人。境外买方作为以信用条件采购货物或服务的买方，或作为与银行有关的借款人，也是一个法人实体。

被保险人出口商可能会将向ECA的索赔权转让给另一方，通常是银行。此类转让相对频繁地发生在出口商以信用条件达成出口交易后，再将对未来信用款项的索赔权贴现出售给银行的交易中。如果出口商获得ECA承保贸易交易中的信用风险，则银行要求出口商将ECA保单项下的权利一并转让给银行。这种转让的结果，是使得银行成为ECA保单项下的受益人。转让必须通知ECA，且需要ECA同意银行作为受益人享有申请理赔的权利。即使是被保险人银行也可以转让ECA保单项下的权利，通常是将其权利转让给另一家银行。

被保险人将ECA保单项下的权利转让给受益人之后，受益人并不能获得比被保险人更多的权利。所以，ECA拒绝赔偿的权利在转让后仍保持不变，并且对银行的影响与对被保险人出口商的影响完全相同。因此，如果境外买方对信用款项支付提出异议，则ECA将拒绝向ECA保单项下权利的受让银行予以赔偿。这可能是由于将ECA保单项下权利转让给银行的被保险人出口商，违反贸易合同所导致的。受让ECA保单项下权利的银行知道这种风险，他们保留了要求出口商返还其已支付转让金额的权利。在被ECA拒绝赔偿时，银行可以行使此权利。这项权利称为追索权，但它与ECA无关，因为是由出口商与银行之间的协议约定的，而没有ECA的参与。本书第6章分析了ECA保单权利的转让。

在转让ECA保单项下权利后,在与ECA的关系中,被保险人出口商仍然保有被保险人的身份。因此被保险人仍然保留着ECA保单项下的所有义务。例如,尽可能避免或减轻损失、向ECA披露相关信息、为追偿未付的信用款项金额提供协助的义务等。如本书第6章所述,被保险人不履行这些义务可能会对银行向ECA索赔的权利产生负面影响。

在转让ECA保单项下权利之前,被保险人出口商或银行必须考虑特定受益人是否能被ECA所接受。一些ECA的标准条款规定,保单权利只能在其同意的情况下转让,而其他ECA没有类似要求,可以接受保单权利的转让。

19.13 向ECA申请理赔的期限限制

大多数ECA的标准条款规定,被保险人应当在规定期限内,对保单所承保的损失提出赔偿申请。因此,在规定期限过期后,ECA不再有义务向被保险人出口商或银行支付赔偿金。不同的ECA在其标准条款中规定的时效期限为2年至5年,自境外买方的信用款项到期日起算。当约定信用款项是一次性支付时,可以对全部信用款项适用期限限制;当约定为分期付款时,可以对每期未付款分别适用期限限制。

19.14 境外买方信用款项的重新安排和赔偿

境外买方可能会要求出口商或银行重新安排ECA所承保的

贸易或贷款合同中约定的信用条件。有时不清楚这种重新安排，是否会影响被保险人出口商或银行向 ECA 申请赔偿的权利。

在被要求对贸易或贷款合同的信用条件进行重新安排，或进行任何其他重大修改时，被保险人出口商或银行有义务通知 ECA。ECA 保单的标准条款通常规定，未经 ECA 同意而修改贸易或贷款合同的信用款项期限或其他条款，ECA 可能会免除保险责任。在实践中，ECA 知道要求重新安排信用条件通常是境外买方遇到财务困难的第一步措施，ECA 通常也会同意这种要求。有时候，境外买方的财务状况相当困难，以至于要么重新安排信用条件，要么破产。如果境外买方有机会继续经营，就应当尽量避免破产。

当 ECA 同意重新安排境外买方的信用条件时，此类同意并不会自动修改现有的 ECA 保单条款，其还是以原定的付款计划为准。重新安排信用条件，意味着贸易或贷款合同中规定的信用款项支付期间的延长，境外买方支付信用款项的时间将晚于原定时间。另一方面，被保险人向 ECA 申请赔偿未付的信用款项的权利保持不变，因为 ECA 保单是按照原定付款计划来承保的。按照原定期限从 ECA 收到赔偿是获得 ECA 保险的目的，未经被保险人同意不得修改。

在 ECA 同意的情况下重新安排境外买方的信用条件，可能会导致出现其他解决方案。一种可能的解决方案是，只要境外买方按照重新安排的期限定期支付信用款项，ECA 就不会向被保险人支付赔偿金。但是，如果境外买方在重新安排的期限下发生违约，则 ECA 将按照原定付款时间向被保险人支付赔偿，包括对所有未付的已到期债务立即赔偿,以及对未来到期的债务在其到期后赔偿。在此解决方案中,只要境外买方按照重新安排的期限定期付款,则根据原定付款计划的赔偿暂时中止。此解决方案基于被保险人和ECA的共同同意。

在ECA同意的情况下重新安排境外买方的信用条件,可能会导致ECA保单条款的修改以重新安排新的债务期限。即使是对ECA保单的这一修订,也需要得到被保险人和ECA的共同同意。当新的付款计划取代原定付款计划被纳入ECA保单时,新的付款计划将适用于ECA。如果境外买方违约未按照新的付款计划付款,则ECA将根据重新安排的期限向被保险人出口商或银行赔偿。

19.15 向境外买方索赔的争议

ECA承保各种类型的由出口商向境外买方提供货物的贸易合同,包括最终产品、半成品、材料、设备、重型机械、技术、消费品等。一些出口商提供以信用条件付款的服务、土木工程、咨询以及其他工作。

境外买方很可能对出口商交付货物的质量或数量产生不满。境外买方可能会主张出口商违反合同,并拒付信用款项以作为合同的救济措施,直到收到完整的交付或履行为止。出口商也可能会否认其有任何违约行为,主张其交付或履行符合合同要求,而境外买方无权拒绝支付信用款项。通过上述抗辩,出口商可能向承保此次交易的 ECA 申请赔偿,要求赔付其由于境外买方未支付信用款项而造成的损失。当被保险人出口商向境外买方索赔的权利发生争议时,ECA 将指示被保险人出口商先行获得法院判决或仲裁裁决,以证明出口商有权向境外买方索赔。被保险人从 ECA 处获得赔偿的权利和赔偿金额,将取决于法院判决或仲裁裁决。

基于贷款协议的特点,境外买方作为借款人,不太可能会主张贷款银行违反贷款协议,并就其还贷义务提出争议。但是,如果银行与境外买方之间就可能违反 ECA 所承保的贷款协议发生争议,ECA 也可能会指示银行先获得法院判决或仲裁裁决,以证明其有权要求境外买方付款。

20 追偿

在讨论出口信用机构(ECA)的语境下,追偿指的是从境外买方处收回到期未支付的信用款项金额。从时间顺序上讲,追偿发生在赔偿程序之后,即ECA对被保险人到期未收回的信用款项金额进行赔偿。(见图20.1)在讨论ECA的语境下的债务追偿与其他类型债务的追偿非常相似,除了它一般是发生在境外这一点。对境外买方进行追偿往往比境内追偿更加困难,这是因为地理上的距离、缺乏境外买方的信息、文化差异、法律措施的不足、境外买方所在国法制水平较低等原因。由于ECA承保信用风险的出口信用交易中的境外买方,来自世界上几乎所有的国家,他们对很多境外司法管辖区的追偿程序有足够的经验。这些经验可以帮助ECA对需要承保的新的出口信用交易中的信用风险进行评估。

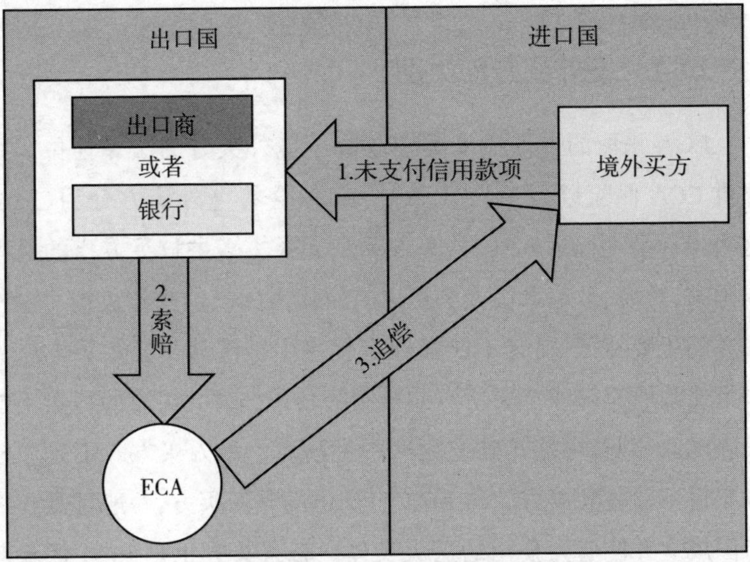

图 20.1 信用款项未支付,索赔请求权转让与追偿

在 ECA 向被保险人出口商或银行赔偿之后,追偿并不是一道在所有交易中都会发生的强制程序。ECA 会基于个案来分析特定信用款项的情况以及追偿成功的可能性,从而决定是否采取追偿措施。有时候,境外买方会发生破产,并且从其破产财产中追偿到款项的希望较小。也有可能是,ECA 经过评估,认为提起法律诉讼的成本会高于预期追回的金额,此时 ECA 就可能会决定不采取任何追偿措施。不过,一旦追偿程序开始,ECA 一般会持续进行下去。

20.1 境外买方的类别

ECA 采取的追偿措施类别取决于境外买方的法律地位。在提供 ECA 保险以及追偿债务时，ECA 会将境外买方分为三类。这些类别是主权买方、公共买方和私人买方。主权买方指的是外国国家、政府、政府部门或者可以有效代表国家的其他机构。主权买方的主要特征，是其不能在破产程序中被清算。公共买方是由国家或政府全部或主要所有或控制的公司。公共买方的行为不能代表国家，并且可能在破产程序中被清算。私人买方既不是主权国家也不是公共买方。与 ECA 打交道的私人买方，一般都是在进口国成立并注册为公司的法人实体。私人买方也是 ECA 保险对象中最大的境外买方群体。

20.2 向主权境外买方债务追偿

相比公共买方和私人买方，向主权买方追偿有几点不同。一般情况下，主要的困难是当一个主权国家不支付信用款项时，由于国家豁免权的保护，出口商或银行无法向外国法院起诉主权国家。国家豁免权是国际公法中一项古老的原则，原因在于在外国的法院对主权国家进行诉讼，被视为是对其国家主权的侵犯。该原则在过去 30 年里有所修改，尤其是当国家与相对方签订贸易合同的情况下。现今，当与主权国家协商签订贸易或贷款合同的时候，有可能要求主权国家放弃国家豁免权；一些主权国家会明确表示放弃豁免权,并接受外国法院或外国仲裁的管辖。如果一个国家没有在贸易或贷款合同中放弃豁免权,那么当其在外国法院被起诉的时候,就很有可能要求豁免。

如果主权国家在合同中放弃了国家豁免权,之后发生出口信用款项支付违约,则被保险人出口商或银行可以在外国法院或仲裁庭对其提起司法程序。此程序的目的是获得要求主权国家支付逾期信用款项金额的判决或仲裁裁决。但是,主权境外买方可能会对判决或仲裁裁决不满意,并仍然拒绝支付。在这种情况下,可以对主权国家申请强制执行境外判决或仲裁裁决。

外国判决或仲裁裁决能否执行,取决于主权买方所在司法管辖区对于判决或仲裁裁决的承认,或者是主权买方在其他司法管辖区是否有足值的资产(见图20.2)。有时候,承认的程序比较简单,但也有可能是复杂而冗长的司法程序,且有可能是负面的结果,即判决或仲裁裁决无法强制执行。在得到外国法院判决或仲裁裁决,并在主权买方所在的司法管辖区得到承认之后,还有可能出现主权买方没有可供执行的资产。无力偿债的国家可能缺乏流动资产,无法在执法程序中通过公开拍卖出售。出于公共目的,主权境外买方的一些资产是免于执行的,如国家领土或是其他不能出售或由个人或法人所有的资产。因此,只有主权买方所有的商业资产才能作为执行标的。在某些司法管辖区内,关于主权国家的资产属于商业或非商业的分类,是不确定的。

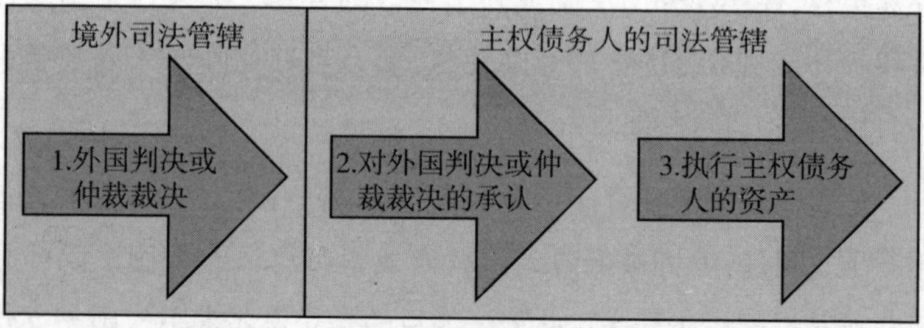

图 20.2 外国判决或仲裁裁决的承认与执行

无论何种原因,如果主权买方的债务无法被执行,被保险人出口商或银行都无法申请启动破产程序,因为主权国家无法进入司法破产程序。从另一个角度看,在承保与主权境外买方发生的交易前,ECA 对主权买方的信用风险进行评估时,国家的破产程序豁免是一个积极因素。私人买方和公共买方作为法律实体,可以在破产程序中被清算,而国家即使无力偿债也仍然会存在,至少还有在将来偿还债务的可能性。

最后,如果主权境外买方发生信用款项支付违约,其可能在其司法管辖区的国内法院被起诉。这一法律行动通常是可行的,因为国家豁免权不适用于国内法院。但是,外国债权人往往对主权国家国内法院的公正性和独立性,以及他们是否有机会在对抗主权国家的司法程序中取得司法判决,都持怀疑态度。在实践中,这些机会取决于特定司法管辖区的法治状况,因此应该在对主权买方提起司法程序之前做好调查。

20.3 ECA 向主权买方追偿债务的方法

由于难以通过法律手段对主权买方强制执行债务,因此当主权买方发生信用款项支付违约时,讨论 ECA 与被保险人出口商或银行是否有其他可用的追偿方法是非常有意思的。一般认为,与主权买方进行谈判是最有效的追偿方式。谈判可以是双边的,也可以是多边的,或二者都会被 ECA 在追偿主权债务时使用。如果追偿采用的是双边谈判,则谈判结果取决于主权境外买方的偿债能力。在多边谈判中,一组私人债权人或主权债权人共同与一个主权境外买方谈判追偿事宜。即使在这种情况下,谈判结果也取决于主权买方的偿债能力,以及参与谈判的各方债权人是否可以达成共同的追偿方案。与主权境外买方谈判,可能达成的双边或多边协议,包括重新安排信用付款期限、降低利率、债务减免,或是三者的结合。

20.4 巴黎俱乐部

债务国与债权国之间的多边谈判是在巴黎俱乐部进行的。巴黎俱乐部是债权国的政府及 ECA 设立的一个特定组织,建立于 1956 年,旨在进行谈判并重新安排债务国的债务。巴黎俱乐部由法国政府主办,没有章程、固定会员及法律地位,但它设定了一套参与各方必须遵守的谈判程序。

参加巴黎俱乐部谈判的有债务国、ECA 以及其他债权国的代表。当ECA向被保险人出口商或银行赔偿债务国未偿还的信用款项金额之后,出口商或银行会将其对债务国的索赔权转让给ECA,这是ECA索赔权的来源。

债务国未接到邀请的,不能到巴黎俱乐部与债权人进行债务支付的谈判。只有当债务国与国际货币基金组织(IMF)制订适当的计划之后,才会被邀请到巴黎俱乐部。债务国进入该程序说明其不能履行外债义务,需要与外部债权人达成新的付款安排。巴黎俱乐部债权国会将主权债务支付谈判与IMF的计划联系起来,因为该计划中确定的经济改革方案旨在恢复健全的宏观经济框架,以降低债务国未来发生财务困难的可能性。

巴黎俱乐部的决定需要在参与的债权国之间达成共识才能作出。债务国应当证明他们需要减免债务,并且他们应当准确描述其经济和财务状况。债务国还应当证明其已经实施改革方案来恢复经济和财务状况,并且在实施IMF计划确立的改革方案时有着已证明的工作记录。已经与巴黎俱乐部债权人签订协议的债务国,在与其他私人债权人重新谈判债务时,不得接受更加不利的债务支付条件。债务国的私人债权人,包括银行、其他金融机构和公司,不能在巴黎俱乐部与债务国进行索赔支付的谈判。债务国与其私人债权人商定的债务支付条件,需要参照其与巴黎俱乐部债权人商定的条件。

债务国与其巴黎俱乐部债权人谈判的结果被称为“商定记录”,该文件不具有法律约束力。该文件建议巴黎俱乐部债权国和债务国政府达成双边协议,履行其中商定的条款和规定。债务国与每个巴黎俱乐部债权国之间达成的双边协议，使得在巴黎俱乐部会议期间所达成的协议具有了法律效力（见图20.3）。

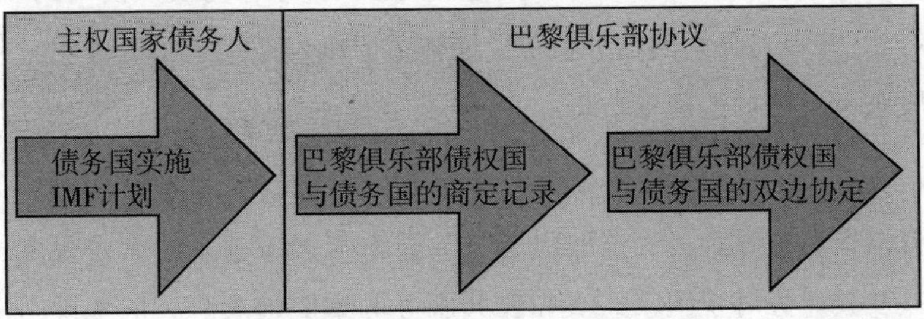

图 20.3 巴黎俱乐部谈判程序的不同阶段

20.5 向公共买方追偿债务

ECA 保险中经常使用“公共买方”这一术语，但有时也会使用别的术语如“公共实体”“次主权”“独立于国家的自主实体”。这些术语把公共买方和主权买方区分开，但又表明二者有所联系。公共买方的主要特征，是其具有独立的法律地位，可以自己的名义签订合同并享有权利、承担责任，而不是以国家的名义。

尽管公共买方具有上述法律地位，但其通常由国家所有或控制。一些公共买方是与国家基础设施直接相关的，如铁路、医疗保健机构、国家航空公司等。公共买方可能由政府提供资金支持并由政府官员管理，但他们可以在商业活动中拥有更多的自主权。不过国家也可能会持有纯商业公司的所有权，其商业和决策自主权比公共公司更广泛，这对于国家基础设施建设非常重要。

公共买方通常注册为公司的形式,因而与国家分离开。公司可以通过常规方式成立,即在公司登记部门进行设立和登记,但也可以通过由立法或政府行政决定来成立。国家作为公共公司的所有者,并不对公司的债务负责。同样的原则也适用于私人公司,即股东不对公司的债务负责。

不过,ECA 在对公共买方追偿未付信用款项的时候,国家所有权具有重要意义。这取决于公共买方与国家关系的紧密程度,以及其业务对于国家经济和公共服务的重要程度。一般来说,公共买方的业务越重要,国家越有可能对其偿还债务提供经济支持。比如,铁路交通对于每一个国家都很重要,国家一般不会因为铁路公司的无力偿债而允许铁路交通的中断。因此,国家很有可能会给予铁路公司经济支持,帮助其向境外卖方偿还债务,因为卖方的供货对于铁路公司的运营至关重要。在这个例子中,ECA 可能会发现,铁路公司的付款违约,可能会因为有国家的经济支持而能够追偿回款。

不过,这一估计也许并不正确,如果公共买方已经负有巨额外币债务,而国家可能会通过立法,将这些债务转化为本国货币计价。在这种立法下,兑换适用的汇率通常远低于当前汇率,这意味着外国债权人收到的付款将低于其外币的实际价值。

这些例子表明,ECA 向公共买方追偿成功的概率,差异可能会非常大。国家可能会对公共买方提供经济支持,但也可能通过立法来干预公共买方的债务,使其价值大幅降低。国家可能会通过司法程序对公共买方进行债务重组,从而减少债务、重新安排付款计划或两者兼而有之。国家作为公共买方的所有权人,也有可能决定不对公共买方进行重组,而是在破产程序中清算。这一决定可能发生在当公共买方提供的公共服务不是特别重要,或者公共买方对于国家的基础设施而言并不重要的情况下。

“公共买方”一词还包括另一类境外买方,在分析付款违约风险时其身份有时容易被误解。这些公共买方的所有人或控制人不是国家,而是行政实体或国内单位,如市政当局或地方当局。这些公共买方也可能作为境外买方进行出口信用交易,这些交易中的信用风险有时会由 ECA 承保。当此类公共买方就 ECA 承保的出口信用付款发生违约时,期望国家会对其付款义务承担责任或帮助其偿还债务是错误的。根据国际公法中很久以前就已建立起来的一项原则,国家对于其本国行政实体的债务不承担任何责任。

20.6 ECA 向公共买方追偿债务的方法

ECA 对公共买方的追偿方法,会根据上文所述的不同情况而有所不同。与公共买方进行谈判是经常使用的方法,但控制公共买方的国家机关,会在谈判中扮演重要角色。因为是由国家机关最终决定公共买方的特定债务是否要支付,所以在可能的情况下,与有控制权的国家机关直接谈判追偿是比较有效的。与公共买方的谈判结果,可能是延长债务付款期限、降低利率、减少债务,或是以上三者的结合。

可以尝试在公共买方所在司法管辖区的国内法院,申请强制执行公共买方的债务。但是，这种司法程序的结果，取决于法院的独立性，以及公共买方所在国的法治状况。

20.7 向私人买方追偿债务

ECA 承保交易中的境外买方大多数是私人买方。在讨论 ECA 的语境下，私人买方是既非主权买方也非公共买方的法人实体。

一般来说，ECA 对私人买方使用的追偿方法，与多数没有投保 ECA 保险的债权人所使用的方法非常类似。ECA 采用的主要追偿方法，是与境外买方谈判和提起法律诉讼。

20.8 与私人买方的谈判

ECA 在对私人买方进行追偿时，经常使用的追偿方法是与其进行谈判来寻找支付信用款项的解决方案。谈判是最有效的追偿方法，除非境外买方进入了破产程序，或者境外买方想要通过逃避谈判来推迟付款义务。当对私人买方进行追偿时，ECA 会根据特定买方以及特定交易的不同情况，来采用不同的谈判策略。但是，让 ECA 参与谈判程序最重要的因素，是其所承保的出口信用款项金额。如果 ECA 需要对被保险人赔偿一大笔金额，常会使 ECA 有较强的动力来与境外买方进行谈判。

如果 ECA 和被保险人只是针对单一债务追偿，则谈判可能会是双边的;如果境外买方的大多数债权人参与债务总额重组时,则谈判可能会是多边的。后者也被称为私下和解、协商一致的重组或庭外重组。该程序没有任何司法当局参与,且会导致境外买方与大多数债权人共同签订私下重组合同。

20.9 单一债务追偿的双边谈判

当 ECA 对单笔债务进行追偿时,其可以直接与境外买方进行谈判,或者指示被保险人出口商或银行来做。很多情况下,指示被保险人进行谈判更具有实效性,特别是当被保险人出口商或银行有当地代理,且与境外买方关系较为紧密的时候。这一追偿策略会比 ECA 直接谈判更加有效。当和境外买方谈判时,被保险人出口商或银行需要严格遵守 ECA 的指示,并且与境外买方达成的所有协议都需要经过 ECA 的同意。一般来说,境外买方、出口商、ECA 之间的追偿谈判,与第 19 章中介绍的境外买方在发生信用款项支付违约之前要求重新安排信用款项的谈判相似。

在与境外买方的交易中,被保险人出口商可能会决定不向境外买方通知有关 ECA 承保信用风险的信息,因为有经济困难的境外买方如果知道出口商会从 ECA 处收到赔偿,可能会决定先向其他债权人支付,而让出口商等待付款。如果境外买方不知道 ECA 保险的存在,在支付债务或者协商付款方案时,就可能平等对待出口商和其他债权人。与境外买方进行双边谈判的结果,可能是延长债务付款期限、降低利率、减少债务,或是三者的结合。

20.10 多数债权人参与的多边谈判

追偿中的多边谈判,一方当事人是境外买方的多数债权人,另一方当事人是境外买方。该程序是自愿谈判,没有国家司法机关的参与。谈判程序有可能漫长而负担沉重,这取决于境外买方业务的复杂程度、总债务额、参与的债权人数量、不同种类债权人的不同权利和诉求等。ECA 决定是否参与重组程序,往往取决于其对境外买方的曝光程度,或其已支付或将支付给被保险人的赔偿金额。ECA 通过派遣员工和聘用外部财务和法律顾问,来参与大规模重组谈判。顾问也可以由境外买方或债权人聘用。

ECA 可能会参与对境外买方公司的重组,其总债务额可能达到数十亿美元。如此巨额的债务,重组起来会较为困难,尤其是当境外买方是在不同的国家有子公司的跨国公司时,跨国公司的跨境重组一般都很复杂,耗时长,程序费用昂贵。

大规模重组在签订重组协议而最终达成一致意见之后,通常由法院裁决予以确认。该程序通常称为“预打包重组”,要求无力偿债的境外买方的多数债权人接受并签署重组协议。之后,境外买方公司申请司法重组,应当由法院根据重组协议来决定是否允许。如果法院接受预打包重组计划,则法院决定将对所有债权人具有约束力,包括那些尚未接受重组协议的债权人。

针对境外买方的大规模重组,可能会有数家 ECA 参与,同时包括不同的债权人,如外国银行、国内银行、债券持有人、贸易债权人等。在这种类型的重组中，各方债权人关于重组结果、参与程序的期间、重组进展信息的保密、参与重组等方面的意愿会有所不同。参与重组程序的不同种类债权人经常组成委员会，来维护他们的利益。ECA 也可能会采取同样的方式，组成 ECA 团或委员会来维护他们的利益。在参与重组程序时，ECA 坚持实施债权人平等待遇原则，以及破产法普遍接受的其他原则。由于 ECA 间接代表其本国政府，因此他们不会接受可能危及其良好声誉的重组方案。

在重组程序中，债权转换为股权也可能被提议为重组计划的一部分。转换是指境外买方的总债务的一部分将转换为股权，也就是转换为境外买方公司的股份。ECA 可能难以接受此类重组方案，因为其法律地位，其本国法律禁止 ECA 为任何目的而购买外国公司股份。

境外买方与其多数债权人签订重组协议的结果，可能是延长债务付款期限、降低利率、减少债务，或是三者的结合。

20.11 境外买方的司法重组

境外买方公司也可能在司法程序中进行重组，由法院作出关于重组公司债务的最终决定。该决定对境外买方的所有债权人均具有约束力。几乎所有司法管辖区都有司法重组的规定，该程序的主要特征是中止对无力偿债公司的破产请求，以及中止有担保的债权人实现担保（见图 20.4）。司法重组程序通常由寻求对抗债权人保护的境外买方发起，境外买方要求法院中止债权人对其提起的法律诉讼。司法重组在无力偿债的情况下并不经常使用，而且 ECA 只是偶尔参与这些程序。

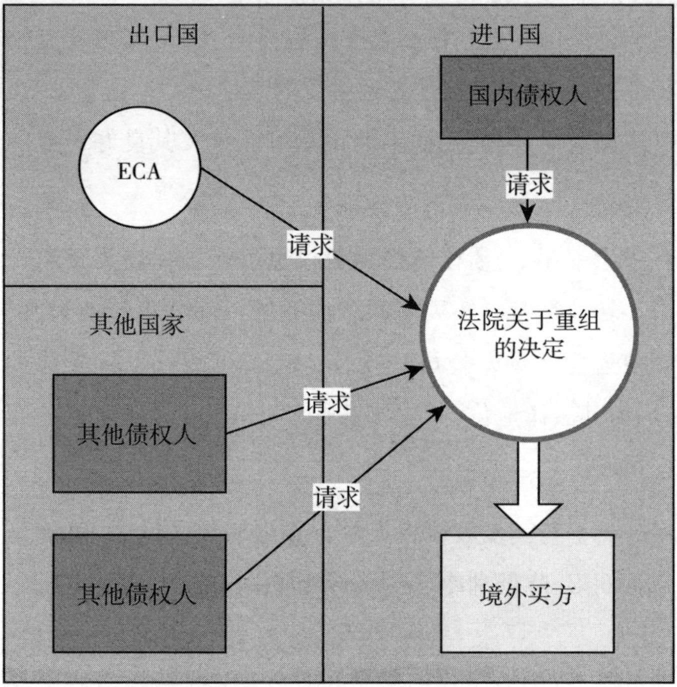

图 20.4　境外买方公司的司法重组

20.12　对境外买方的法律诉讼

对私人境外买方提起法律诉讼来索赔信用款项，是 ECA 可能会使用的另一种追偿方法。当违约的境外买方对没有争议的信用款项拒绝付款,且不愿与被保险人或ECA就信用款项支付进行谈判时,ECA就会提起法律诉讼。ECA一般会指示被保险人银行或出口商,以被保险人的名义及其合同当事人的身份,提起针对境外买方的诉讼。不过,ECA也可能会决定自行提起对境外买方的诉讼,当被保险人出口商或银行在收到赔偿之后,ECA会要求其将与赔偿金额相当的债权转让给ECA。

如果境外买方通过主张被保险人银行或出口商违反了合同,来对其付款义务提出争议,ECA会指示被保险人获取法院判决或者仲裁裁决,来证明其对境外买方的付款请求权。因此,ECA不会参与针对境外买方的诉讼,其会等待判决或者仲裁裁决,只有在被保险人对境外买方的付款请求权得到证明之后,ECA才会对被保险人进行赔偿。

20.13 追偿费用的分摊

被保险人和ECA采取追偿行动时,一般都会产生费用,比如财务和法律顾问费用、交通费用等。追偿费用的分摊一般规定在ECA的标准条款中,且只有必要的追偿费用才会由ECA与被保险人出口商或银行分摊。但是,被保险人和ECA在其日常业务中所发生的支出如员工的工资、办公室租金以及其他类似费用,是不由ECA以及被保险人进行分摊的。追偿费用一般按照ECA的承保比例进行分摊。例如,当ECA承保90%的信用风险时,其负责90%的追偿费用,剩下10%由被保险人承担。

在大规模重组中向私人境外买方追偿债务，需要财务或法律顾问来参与，以便开展与境外买方公司谈判重组计划的复杂的必要工作。顾问可能会收取高额的工作报酬，这些费用有时由境外买方支付，有时由债权人支付。在大规模重组中，费用的分摊可能会非常复杂，因为境外买方与不同债权人签订的贸易或贷款合同中规定的方式不同。银行一般会在贷款协议中加入特定条款，规定重组费用由境外买方公司承担。出口商很少在其与境外买方的贸易合同中加入此类条款，这可能导致境外买方拒绝向出口商支付此类费用。因此，找到一个所有债权人都可以接受的重组成本分摊方案，是非常重要的。该工作需要在重组程序的初始阶段进行，并需明确哪些成本由境外买方公司承担。

20.14 追回金额的分配

当从境外买方处追回一笔金额时，会按照 ECA 承保比例分配给被保险人和 ECA。例如，ECA 承保信用风险的比例为 90%，则 ECA 获得 90% 的追回金额，被保险人获得 10% 的追回金额（见图 20.5）。但是，一些 ECA 在其标准条款中规定，他们比被保险人享有优先权，因此只有 ECA 的份额全部收回后，被保险人才可能收回其份额。

追偿金额的分配可能较为复杂，如果被保险人对境外买方有多项付款请求权，其中一部分有 ECA 承保，而另一部分没有承保。这种情况下，被保险人对不同请求权项下追回金额的分配，会按照 ECA 标准条款中规定的特定优先顺序进行。特定优先顺序条款的目的，是避免被保险人同意境外买方先支付没有被承保的债务，而后支付有保险的债务。

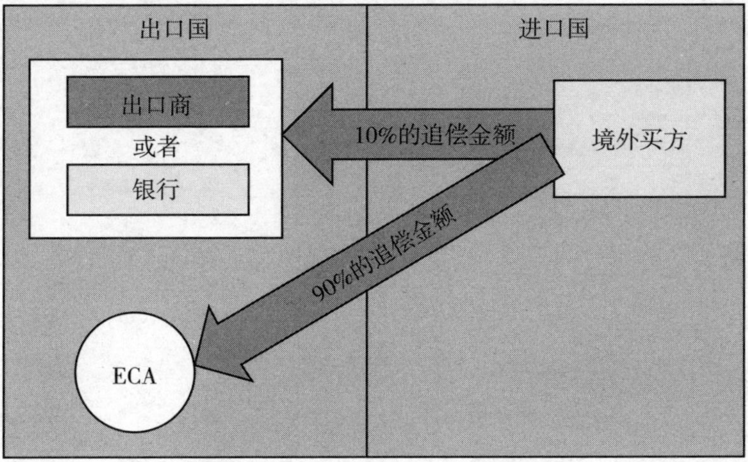

图 20.5 追偿金额的按比例分配

第四部分

法 律 框 架

21 OECD《安排》和欧盟规则

出口信用机构(ECA)保险受几个国际文件规范,这些文件构成了 ECA 业务所适用的国际法律框架。其中一些国际文件限制了 ECA 保单中的条款和条件,还有一些限制对特定类型的出口信用交易中的信用风险提供保险。世界上主要出口国家的 ECA 都会适用本章分析的国际法律框架,这使得其对国际贸易非常重要。

21.1 经济合作与发展组织(OECD)《官方支持出口信贷的安排》

规范 ECA 保险最重要的国际文件是 OECD《官方支持出口信贷的安排》,该文件通常被称为《安排》或《共识》,已被 OECD 加入国同意遵守。《安排》是一种称为"绅士协议"的国际文件,虽然没有正式的法律地位,但加入国均同意遵守。《安排》加入国家分别是澳大利亚、加拿大、欧共体(包括所有欧盟成员国)、日本、韩国、新西兰、挪威、瑞士和美国。来自其他没有官方参与的国家的 ECA 可以自愿遵守《安排》。

《安排》的目的是提供一个公平的竞争环境，加入国的出口商可以基于出口货物或服务的质量和价格进行竞争，而不是基于国家的官方支持来竞争。《安排》还旨在防止贸易扭曲，以及在 ECA 保险中以约束性援助或者不合理的保险费的形式提供补贴。

1978 年编写的《安排》，是基于 1976 年一些 OECD 国家就出口信用达成的“共识”。因此，《安排》也称为《共识》。在通过《共识》之前该领域缺乏规则，引发各国政府之间相互竞争，为本国出口商提供最有利的融资条件，从而导致国家财政补贴和潜在的贸易扭曲。

《安排》限制了为出口信用提供 ECA 保险的条款和条件，例如最低保险费率，ECA 承保的最高信用额度，以及在信用起始日以前支付预付款。它还包含详细的实施规定。《安排》的特殊部分——行业谅解，包含为船舶、核电站、民用飞机、可再生能源、水利工程和铁路基础设施的出口提供官方支持的规定。本书未对行业谅解进行分析。以下是关于《安排》对提供 ECA 保险的主要规定的简要分析。

21.2 《安排》的适用

《安排》适用于为偿还期限在两年或两年以上的信用款项提供的 ECA 保险。根据《安排》的规定，当境外买方来自欧盟或 OECD 加入国时，欧盟成员国的 ECA 不得承保短于两年的信用风险。

《安排》的另一个重要特征,是它不适用于出口军事设备或农业商品的商业交易,或经营租赁的贸易合同。经营租赁被排除在《安排》的调整范围之外,因为在这种类型的合同中,出租人仅将租赁物使用权转让给承租人,并换取定期支付租金。承租人支付的款项不被视为按信用条件支付的购买价款,因为承租人有义务在租赁期结束后将租赁物返还出租人。相反,当基础商业交易为融资租赁时,可以适用《安排》,因为此类租赁合同的承租人会在租赁物经济生命周期的大部分时间使用该租赁物。此外,承租人通常在租赁期结束时以低价购买该租赁物。

OECD 加入国的 ECA 在其所有交易中都适用《安排》,而无论境外买方所在国是否参与《安排》。来自非加入国的 ECA 不适用《安排》,他们可以使用比《安排》更优惠的条件提供 ECA 保险。为了中和这种影响,《安排》包含一项对等的规定,允许 OECD 加入国的 ECA 提供保险的条件与非加入国 ECA 提供的条件相对等。

21.3 预付款、当地费用等规定

《安排》规定,当出口商或银行想要为其贸易或贷款合同投保 ECA 保险时,必须满足几项基本要求,包括预付款、出口合同价值、当地费用以及信用起始日,下文作简要分析。

预付款

预付款是合同总价的一部分,由买方提前支付给卖方,以证明买方对合同的履约保证。《安排》对于支付合同价格的基本要求，是境外买方必须在信用起始日以前，向出口商支付至少15%的出口合同价值。预付款不包含在后续按信用条件支付的合同价格中。由于ECA仅承保按信用条件支付的出口合同价值，故其无法承保预付款。需要区分此语境下"出口合同价值"和"总合同价格"的区别，因为当按照二者金额的百分比来计算预付款金额时，结果可能会有所不同。

出口合同价值

出口合同价值必须在计算预付款金额之前确定，因为出口合同价值并不总是与合同价格相同。《安排》规定，出口合同价值是境外买方支付的除了当地费用以外的总金额。当出口信用合同不包含任何当地费用时，出口合同价值与合同价格相同。

当地费用

当地费用是在境外买方所在国为货物和服务产生的支出，这些支出应当是履行出口合同或完成出口合同所构成的大型项目所必需的。如果有当地费用，在将其扣除后，出口合同价值将低于合同价格。因此，有当地费用的交易的预付款金额，会比没有当地费用的交易更低。ECA保险可以承保的当地费用的上限，是出口合同价值的30%。

出口合同价值和当地费用的计算

出口合同价值和当地费用的计算并不简单，从下文的例子中更容易理解计算方法(见图 21.1 和图 21.2)。此计算的两个基本参数是:a.《安排》要求预付款至少是出口合同价值的 15%；剩余的 85% 可以按信用条件支付,并由 ECA 承保；和 b. 当地费用可能会包含在剩余的 85% 的出口合同价值中,最高可达出口合同价值的 30%。

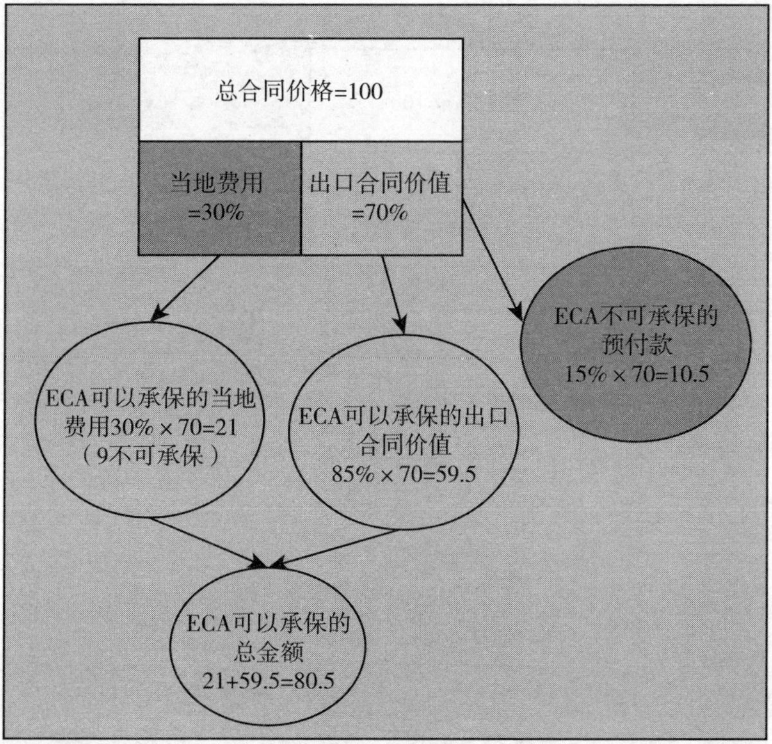

图 21.1　示例 1

在示例 1 中,ECA 可以承保的金额高于出口合同价值,并包含当地费用的最大比例。这使得即使出口交易中含有相当大金额的当地费用，投保 ECA 保险也非常有吸引力。

在示例 2 中，全部的当地费用都符合 ECA 保险的条件，总的可承保值为 88（总合同价格的 88%），这比示例 1 中的情况更具有吸引力。如果没有当地费用，就不可能达到这一比例，因为此时 ECA 可承保的金额会限于总合同价格的 85%。

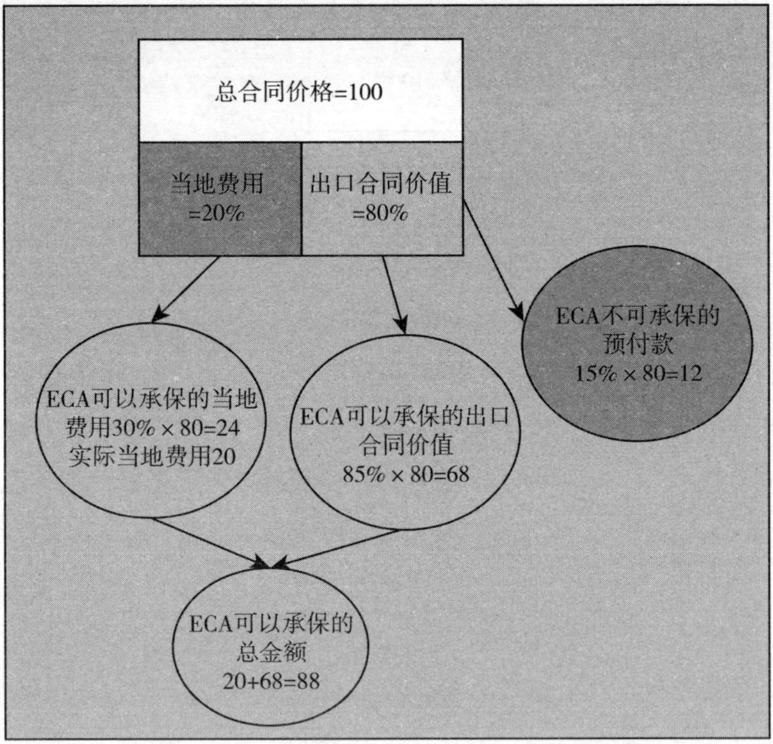

图 21.2　示例 2

信用起始日

《安排》对信用起始日使用了一个复杂的定义,下文将简要介绍。为了便于理解,原定义中使用的某些词语将替换为本书中所使用的术语。不同类别货物的信用起始日定义如下:

a. 对于作为零件或组件的中间产品,最晚的信用起始日是境外买方实际接收货物的日期或包括服务在内的加权平均接收日期。对于服务,最晚的信用起始日是境外买方提交发票或接收服务的日期。

b. 对于机械或设备等准资本性货物,包括单位价值相对较低的相关服务,最晚的信用起始日与上述 a 相同。如果货物或服务的出口商负责调试,则最晚的信用起始日是在调试时。

c. 对于机械或设备等资本性货物以及由多个分项组成的高价值项目服务,最晚的信用起始日是境外买方占有货物的实际日期或加权平均日期。当货物是成套设备而无须出口商负责调试时,最晚的起点是境外买方实际占有货物的日期。如果由出口商负责调试,则最晚的起点是在调试时。对于服务,最晚的起点是提交发票时;或者如果由出口商负责调试的,起点是在调试时。

d. 对于不需要出口商调试的高价值成套设备和工厂或成套生产性设备,最晚的起点是境外买方实际占有设备的日期。对于建筑工程合同,最晚的起点是工程完工的日期。当出口商负责调试时,最晚的起点是出口商完成安装或施工并初步测试确保其可以运行的日期。如果项目的各个部分单独执行,最晚的起点是每个单独部分的起点或这些起点的平均日期。对于服务,起点与上述c相同。

上文的描述与《安排》中对于信用起始日的定义措辞有所不同,因为有些条款已经做出了修改,定义的某些部分已经进行了简化。因此有必要阅读《安排》中条款的措辞。还有两个术语需要进一步解释。第一个是“接受货物或服务”,第二个是“调试”。

接受货物或服务

接受货物或服务是指境外买方通知出口商已经接受货物或服务。这是接受货物或服务的通常方式,但境外买方也可能会在保留货物后的一段合理期间内不向出口商表示拒绝,从而接受货物。

“接受”与出口商交付货物或服务有关。货物的交付可以通过不同的方式进行。例如,在出口商的营业地点、指定的港口、位于边境的指定地点、境外买方的营业地点等。交货条款对合同当事人很重要,因为货物的所有权及其损失或损坏的风险,通常在交付完成后从出口商转移到境外买方。出口商完成交货与境外买方接受货物或服务,二者是相对应的。在国际贸易合同中,可能会约定在交付完成时,境外买方会产生支付合同价款的义务。当约定按照信用条件付款时,交付和接受日期通常也是《安排》中所规定的信用起始日。

调试

调试的通常定义为在设备设施等完成安装之后,根据合同、设计和规范来测试并验证功能的程序。调试可能包括培训操作设备或设施的员工。“调试”一词来自造船业,其在造船业内具有相同的含义。

21.4　出口信用支付的最长期限

《安排》中还规定了 ECA 可以承保的最长信用期限,包括两种不同的类别,按照买方所在国分为Ⅰ类或Ⅱ类。

如果境外买方所在国属于Ⅰ类,则 ECA 承保的最长信用支付期限为五年。有可能将这一最长期限延长至八年半,但有意为超过五年的信用款项提供保险的 ECA,必须将延期事实通知参与《安排》的其他 ECA。如果境外买方所在国属于Ⅱ类,则 ECA 承保的最长信用支付期限为十年。

Ⅰ类国家是世界银行国家组别名单上的国家(详见于 OECD 网站),除此之外的其他国家都属于Ⅱ类国家。此分类由世界银行根据借款国家的人均国民总收入计算决定。此Ⅰ类和Ⅱ类国家的分类,不能与 ECA 用于计算最低保险费的国家分类相混淆。根据后者,国家被分为从零到七的八个类别,本书第 13 章对此进行了分析。

21.5　本金和利息支付

《安排》规定,ECA 承保的信用款项本金必须按照同等时间间隔分期支付。本金和利息都可以分期支付，至少每六个月支付一次，第一期本金和利息的支付必须在信用起始日后六个月内支付。这些付款条款是《安排》的基本要求。

当ECA需要采取行动以减少已承保交易带来的损失时，其可以不遵守《安排》关于本金和利息支付的规定。此种情况仅限于当境外买方无力偿债并且需要重新安排或重组信用债务，因而ECA需要避免或减少损失的时候。

21.6 欧盟规则

欧盟通过了若干文件，规范欧盟成员国的ECA提供出口信用保险，其中最重要的是《修改〈依据欧共体条约第93(1)条而适用条约第92条和第93条关于短期出口信用保险的委员会对成员国的沟通文件〉的适用期限的委员会沟通文件》(2010/C 329/06)，《委员会对成员国的来文》中关于申请期的规定。在该通知中，欧盟对1997年到2005年针对同一问题的通知进行了修订，是关于ECA保险承保市场风险的规定。市场风险是指信用期限在两年内的短期出口信用风险。短期出口信用风险，指约定在欧盟地区的双方当事人之间，或者由来自欧盟的出口商或银行，与来自OECD国家的境外买方之间订立的贸易或贷款合同中的信用风险。根据该通知，来自欧盟成员国的ECA禁止承保市场风险。增加这一限制的目的是消除因国家支持的ECA与私人出口信用保险公司之间发生竞争，而导致的此类保险市场的扭曲。中长期出口信用风险不属于市场风险，当境外买方来自欧盟成员国或

OECD 国家时,ECA 可以自由承保此类风险。

第二份重要的欧盟文件是理事会指令 98/29/EC,该指令协调中长期交易的出口信用保险的相关主要条款。该指令包含关于卖方和买方信用保险特征的规定,以及商业和政治风险定义的规定。它还包含信用风险和制造风险的定义、ECA 保险范围的规定、索赔的规定等。本书的其他章节中分析了该指令的一些条款。

第三份重要的欧盟文件是《委员会关于适用〈欧共体条约〉第 87 条和第 88 条以担保形式提供国家援助的通知(2008/C 155/02)》。该通知适用于以下类型的 ECA 保险,包括承保合同保函或保证保险、关联保函和保证的保险、向出口商提供的背对背担保保险、向银行提供的装运前保险、承兑信用证保险以及经营租赁合同付款的保险等。根据此通知,来自欧盟成员国的 ECA 可以承保的比例不超过交易最高风险的 80%。

22 经济合作与发展组织的其他规则及国际制裁

出口信用机构(ECA)适用的第二部分国际规则,是经济合作与发展组织(OECD)关于打击国际商业交易贿赂、环境和社会影响以及可持续贷款实践的规则。这些规则已经在国际上达成共识,并且对ECA来说变得越来越重要,因为ECA可能被禁止向不满足上述国际要求的交易提供保险。该规则引用了其他国际文件,这些国际文件规定了ECA所承保的交易必需遵守的原则、标准和要求。ECA可能还需遵守其他要求,并适用其本国法律或本国接受的国际条约规定的标准。除OECD规则及其所涉及的国际文件外,ECA还需执行多边或单边的国际制裁。本章分析的问题非常广泛,这些问题应当作为独立的研究分别进行分析,本书仅在本章中做简要的介绍。

22.1 打击国际商业交易中的贿赂行为

腐败是一种通常与包括贸易和投资在内的国际商业交易有着

密切联系的现象。贿赂是最为广泛的腐败形式,长期以来一直被认定为刑事犯罪,并在世界各地受到当地法院的法律追诉。但是,现行关于贿赂作为刑事犯罪的国内立法,并不总是能作为追诉外国公职人员在国际商业交易中的受贿行为的法律依据。OECD 认识到有必要在国际层面打击贿赂犯罪,在 1997 年通过《关于打击国际商业交易中行贿外国公职人员行为的国际公约》(以下简称 OECD 公约)。OECD 公约规定了更为宽泛的关于贿赂的定义,并要求批准该公约的国家应当将外国贿赂作为其国内法律项下的刑事犯罪。包括 OECD 加入国在内的大约 40 个国家,批准了该公约并将其纳入国内法律。这 40 个国家在全球出口中的作用及其对起诉外国贿赂的承诺,使得公约对所有国际贸易的参与者都变得非常重要。

OECD 公约界定"主动贿赂"系指由许诺或给予贿赂的人实施的行为,而"被动受贿"是接受贿赂的官员所实施的刑事犯罪行为。贿赂的定义非常广泛,即为了获得或者保有业务,直接或通过中介向公职人员本人或能够影响其行事的其他第三方,许诺或给予不正当金钱或其他利益,以影响公职人员对其职责的作为或不作为。外国公职人员,是指在任何境外国家或国际组织担任立法、行政或司法职务的人,无论是任命还是选举产生的,或在外国执行公共职能或任务的任何人。

在处理 ECA 保险申请和已经提供 ECA 保险的交易时,来自已批准 OECD 公约的国家的 ECA,必须遵循严格的程序来防止贿赂。在 ECA 保险的申请阶段,ECA 必须遵守:

a. 告知申请人在 ECA 所在国的法律体系下，在国际商业交易中实施贿赂的法律后果，包括禁止此类贿赂的国内法律，并鼓励申请人制定、应用和记录适当的管理控制系统以打击贿赂；

b. 要求申请人提供一份声明，表明他们或代表他们行事的任何人，例如代理人，在要求 ECA 承保的交易中都没有参与，并且将来也不会参与贿赂；

c. 核实并注意申请人是否被列入世界银行集团、非洲开发银行、亚洲开发银行、欧洲复兴开发银行和美洲开发银行的禁止名单；

d. 要求申请人披露他们或代表他们就该交易行事的任何人，目前是否正在本国法院受到指控，或者在申请之前的五年内已经在本国法院被定罪，或受到与违反禁止向任何国家的外国公职人员贿赂的法律相类似的行政处罚措施；

e. 要求出口商和其他申请人按照 ECA 的要求，披露与交易有关人员的身份，以及向这些人员支付或同意支付的佣金、费用的金额和目的。

如果证明贿赂与 ECA 已经承保的交易有关，ECA 有义务对被保险人的索赔申请拒绝赔偿。现今，来自批准 OECD 公约的国家的 ECA 适用这些规则已经变得常态化。

22.2 环境和社会影响

保护那些直接受出口信用交易影响的环境和当地社区，与

ECA 的业务密切相关。如果不提供 ECA 保险,许多会影响环境和当地社区的项目将永远无法实现。商业活动可能会对境外买方所在国或其他国家的环境和社会状况产生影响,在评估 ECA 保险申请时,ECA 对此情况的分析变得越来越谨慎。

OECD 认识到需要保护环境和当地社区,通过了《理事会关于官方支持的出口信贷和环境及社会尽职调查的一般方法的建议》(以下简称《一般方法》)。本文件规范 ECA 承保两年或两年以上还款期限的出口信用交易的行为。《一般方法》在 2007 年和 2012 年修订并适用于 OECD 加入国的 ECA。《一般方法》不是具有法律约束力的文件,但在实践中得到执行,相关的 ECA 被期望会尽最大努力全面实施这些规则。《一般方法》可在 OECD 的网站上查阅。

依据《一般方法》,适用该文件的 ECA 将筛选保险申请,并对包括出口商品和服务在内的项目进行分类。ECA 保险的申请可分为 A、B、C 三类。这种分类是根据其潜在的环境和社会影响制定的。

A 类项目可能会对比设施位置更广泛的区域,产生重大不利的环境和社会影响。此类别还包括敏感行业和位于敏感地区内或附近的项目。《一般方法》包含 A 类项目的说明清单,其中包含此类别的项目示例。该清单是全面的,但并非全部列举,这意味着其他项目也有可能被归类到 A 类。A 类项目的例子包括原油精炼厂、火力发电站、核燃料生产或浓缩设施、石棉提炼设施、高速公路建设、管道、码头和其他天然气、石油和化学品设施、海洋港口、废物处理及处置设施等。

即使某个项目未出现在清单中，但如果被计划位于敏感位置或可能对该位置产生影响，也可能会被归入 A 类。敏感位置包括国家公园、具有高度生物多样性价值的森林、具有考古或文化意义的区域等。涉及大量受影响人口的非自愿拆迁安置的项目，也包括在 A 类项目清单中。

B 类项目具有潜在的环境和社会影响，但其不利影响比 A 类项目要小。这些影响通常是针对特定地点的，其中很少是不可逆转的，并且更容易实施缓解措施。《一般方法》中没有关于 B 类项目的说明清单。C 类的项目可能对环境和社会的不利影响很小或没有。

22.3 审查潜在的环境和社会影响

ECA 在审查项目时将使用上述分类，以决定是否为项目范围内的出口信用交易提供 ECA 保险。为了评估项目潜在的环境和社会影响，ECA 将要求申请人提供相应信息，包括环境和社会影响评估（ESIA）。对于 A 类项目，环境和社会影响评估是强制性的，且不能由同一方制定和审查。B 类项目对潜在的环境和社会影响的审查范围可能有所不同。如果是 C 类项目，则无须环境和社会影响评估。

在为 A 类项目提供 ECA 保险而发出承保要约或最终承诺前，ECA 必须至少提前 30 日公开披露有关该项目的信息。项目信息应包括项目名称、位置、项目描述以及说明从哪里可以获取相关信息。

在审查要求ECA承保的项目的潜在环境和社会影响时，ECA应依照适用于项目的国际标准的相关方面，对项目进行基准测试。此外，项目必须进行符合所有十项世界银行保护政策的相关方面的基准测试。世界银行发布这些环境和社会政策，通过在发展过程中防止或减轻对人类及其环境的不当伤害，以支持可持续减贫。

世界银行保护政策与环境评估有关，包括：自然栖息地；考虑保护生物多样性而避免在农村发展和卫生行业项目中使用有害杀虫剂；确保本土人民参与并从项目中受益，避免或减少项目对他们的不利影响；避免或减轻对物质文化资源的不利影响；在可行的范围内避免人员的非自愿拆迁安置；减少森林砍伐和加强对森林地区的环境贡献；保护水坝和国际水道的安全；避免在争议地区建设项目。

这些项目还将按照国际金融公司（IFC）的绩效标准进行基准测试，这些标准包括：社会和环境评估和管理系统；劳动和工作条件；资源效率和污染防治；社区健康、安全。

从上文对世界银行保护政策和国际金融公司绩效标准的简短列举可以明显看出，要求ECA承保的各种项目的环境和社会影响必须进行评估，但也必须考虑人权。ECA意识到需要保护人权，并且谨慎防止支持如有童工参与的项目，或者没有对拆迁安置人员的财产进行充分和公平补偿的项目。

22.4 可持续贷款实践

发展中国家借贷巨额资金进行投资的历史,同时有积极和消极两方面的作用。这种借贷有助于借款国的经济和社会发展,但如果资源利用不当,它也可能会阻碍发展。这对于试图减少贫困和现有债务的低收入国家来说,尤为重要。

但是,为了发展经济,低收入国家持续需要外国信贷。提供新的信贷,需要分析该新的借款是否会产生积极作用并促进可持续发展。在为低收入国家取得的新的信贷提供 ECA 保险时,重要的是避免非生产性支出,维持债务的可持续性并支持良好的管理和透明度。

为了实现上述目标,OECD 发布《促进向低收入国家提供官方出口信贷的可持续贷款实践的原则和指南》。该文件适用于要求 ECA 承保的主权买方、公共买方以及有公共担保的买方的信用债务。这些不同类别的买方是中央、地区和地方的政府以及公共企业,他们的信用债务如果出现违约,都由政府承担或担保。

通过执行这些 OECD 原则,来自 OECD 加入国的 ECA 将可以确保其信用决策,不会存在较大的导致低收入国家发生债务危机的可能性。这些原则适用于 ECA 承保一年或一年以上的出口信用。

22.5 国际制裁

对国家、组织或个人实施的国际制裁,是 ECA 应当遵循的国际法律框架的一部分。在提供 ECA 保险之前还是之后实施国际制裁,对出口信用交易的影响有所不同。

在提供 ECA 保险之后实施国际制裁,可能属于该保单所承保的政治事件。本书第 3 章将国际制裁描述为可能导致境外买方未支付信用款项的政治事件。ECA 通常会承保此类政治事件,这意味着 ECA 将赔偿出口商或银行在获得 ECA 保险之后,因国际制裁而受到的损失。

但是,在提供 ECA 保险之前可能会实施国际制裁,这种制裁可能会妨碍 ECA 提供保险。因此,当国际制裁禁止出口特定货物或服务,或某项制裁禁止向特定个人或实体销售货物或服务时,ECA 不会提供 ECA 保险。有时,国际制裁并不禁止出口特定货物或服务,但禁止为这些交易提供 ECA 保险。在这种情况下,允许出口商与境外买方进行交易,但其无法获得 ECA 对交易中信用风险的承保。

国际制裁可以通过多边或单边的方式实施。多边制裁由若干国家决定。例如,联合国、欧盟或其他国际组织的成员国。单边制裁由单一国家对另一个国家、组织或个人实施。与 ECA 有关的国际制裁,通常是关于禁止特定类型的贸易或金融交易的贸易或经济制裁。制裁包括多种形式,如武器禁运或禁止出口特定货物或服务、禁止以补贴或贷款形式提供资金、禁止提供 ECA 保险等。国际制裁可针对特定人员、实体或国家机构实施。

23 出口信用保险特定标准条款

如前面章节所述,几乎所有的出口信用机构(ECA)在提供ECA保险时都会使用标准条款。这意味着规范ECA和被保险人的权利和义务的相同条款,会作为保单文件的一部分而包含在所有的ECA保单中。使用标准条款可以为处理大量申请节省时间,并有助于平等对待ECA保险的申请人。

尽管受不同国家的法律约束并以不同方式来编写和安排结构,但不同ECA所使用的标准条款仍然相类似。ECA保险可能会采取保险或保证的不同形式,但ECA保单的基本要素相类似。因此,ECA在一个国家提供的保证,可能被另一个国家定性为保单,反之亦然。

ECA所承保的贸易和贷款合同的相似性,也促进了ECA标准条款的相似性。国际上所使用的贸易和贷款合同通常是标准化的,或是以为了使达成交易更容易或成本更低的方式起草。当ECA为标准化交易中信用款项未支付的风险提供承保时,ECA的标准条款亦反映了基础贸易和贷款合同的条款。

ECA 的标准条款具有相似性的另一个原因，是基于为出口商和参与出口交易的银行创造公平的竞争环境的理念而在 ECA 之间所开展的国际合作。当今，这些合作是通过经济合作与发展组织（OECD）、欧盟和伯尔尼联盟进行的。伯尔尼联盟是 ECA 间的国际组织，也是其成员之间进行专业交流的论坛。

ECA 保单标准条款的长期使用，有助于其标准化和被广泛接受。一些标准条款长期保持不变，在不同国家以及受不同国内法律管辖的 ECA 保单中，都规定有相类似的权利和义务。

但是，认为 ECA 标准条款完全相同，可能是错误的。一些标准条款是包含详细规定的长篇文档，而另一些则是仅包含几页的短篇文档。每个 ECA 保单项下的所有条款，都有必要全部搞清楚，因为它可能包含了对本书中所描述的条款的修改和修正。此外，承保特定出口信用的 ECA 保单，可能会包含若干特殊条款。

大多数 ECA 标准条款，如政治和商业事件的定义、ECA 承保的类型、保险费支付条款、保密、追偿程序等，已在本书前面章节中进行了分析。因此，以下分析所选定的 ECA 保险标准术语，仅限于前面章节中未曾分析的条款。

23.1 损失补偿

提供 ECA 保险是基于一个理念，即被保险人出口商或银行因境外买方未支付信用款项而遭受的损失能够得到补偿。这意味着提供贷款的银行或以信用条件向境外买方提供货物或服务的出口商,获得 ECA 保险时享有可保利益。其他没有这种可保利益的主体,没有资格获得 ECA 保险。损失补偿的概念来自保险法,ECA 保险合同在这方面与一般的保险合同并没有区别。

区分 ECA 保险合同与用于转移信用风险或其他风险的其他类型合同,损失补偿是一个因素。后者通常被称为差额合同,合同双方同意一方将资产的当前价值与合同的约定价值之间的差额,支付给另一方。ECA 保险条款没有提供此种可能,因为 ECA 可赔付的金额仅限于被保险人出口商或银行所遭受的特定损失金额。

23.2 向 ECA 披露信息

在申请 ECA 保险并与 ECA 进行任何沟通时,申请人有义务向 ECA 披露与基础贸易或贷款合同有关的所有重要事实。重要事实很难界定,因为每个会影响 ECA 在决定是否提供 ECA 保险时对风险评估的事实,都可能会被归类为重要事实。规范 ECA 保单的国内法律,通常规定出口商和银行在向 ECA 披露信息时,必须本着诚信或最大诚信原则行事。

为了使申请人更加容易披露信息,许多 ECA 会在他们向出口商和银行提供的申请表中设置一些问题。这些问题是关于 ECA 承保的基础贸易或贷款合同的,特别是合同中约定的付款和交付条件、境外买方支付信用款项的能力、出口商或银行与境外买方打交道的以往经验等。如果需要,出口商和银行有义务向 ECA 披露与境外买方签订的贸易或贷款合同的其他信息。

另一个重要问题是,申请人是否了解作为出口商或银行本应当知道的,与境外买方将要签订的合同有关的所有重要事实。一般认为,申请人在签订特定类型的合同时,应该掌握作为合同当事人所应当知道的所有条款和事实的相关信息。如果申请人在申请 ECA 保险时没有此类信息,那么在这种情况下最好的处理方式是将此情况如实告知 ECA。

即使在获得 ECA 保险之后,申请人向 ECA 披露信息的义务仍持续存在。被保险人出口商或银行有义务披露以下信息,如境外买方的财务状况恶化、无力偿债风险或被保险人出口商与境外买方之间就出口商履行贸易合同义务可能发生争议等类似的情况。要求被保险人承担这一义务的原因,是 ECA 与境外买方没有直接联系,被保险人出口商和银行是 ECA 所承保信用风险的主要信息来源。在签发保单后,获得有关境外买方财务状况变化的信息对 ECA 来说十分重要。针对境外买方发生财务困难而影响其支付信用款项能力的早期警告,可以使 ECA 能够采取行动或指示被保险人采取特定方式的行动,从而减轻或避免损失。

有时被保险人应当以何种方式将信息传达给 ECA 并不明确。当信息以口头方式提供给 ECA 时,ECA 可能会理解为不太重要,并且没有适当记录。如果没有书面记录,事后也很难证明曾向 ECA 传达过信息。以书面或电子形式与 ECA 沟通,可能是被保险人或 ECA 保险申请人提供信息的最佳方式。

23.3 ECA发出要约后的风险增加

当ECA发出承保特定出口信用风险的要约,并将其送达ECA保险的申请人时,它在ECA规定的时间内对其具有法律约束力。这意味着在该期限到期之前,ECA不能撤回要约。但是,如果在要约到期之前信用款项未支付的风险增加,则ECA通常有权撤回要约。此权利一般仅限于在要约到期之前风险显著增加的情况,并且这一条款通常规定在ECA向保险申请人发出的要约中。如果风险没有显著增加,则不会导致ECA要约的撤回。可能导致ECA有权撤回要约的风险显著增加的一个例子,是境外买方所在国爆发战争,而这将不可避免地对境外买方的业务,以及其支付信用款项的能力,产生负面影响。不过需要说明,实践中ECA很少会撤回他们的要约。

在向ECA保险申请人送达ECA要约之前,申请人可能会收到与要约相关的信用风险显著增加的信息。由于ECA不参与贸易或贷款合同的谈判,因此发出要约的ECA很可能不会收到同样的信息。问题在于ECA保险的申请人,是否有义务向ECA披露有关风险增加的信息,即便是这可能会导致ECA撤回要约。一般的理解是即便是在披露的风险可能导致ECA撤回要约的情况下,申请人仍负有上文所述的披露义务。

23.4 履行贸易和贷款合同的许可

履行 ECA 所承保的贸易或贷款合同,通常与获得进口、货币汇兑、建筑许可等各种许可相关。一些许可必须在签订贸易或贷款合同之前获得,而另一些许可则可以在合同履行期间获得。大多数 ECA 以其标准条款规定,被保险人出口商或银行有义务确保已获得履行贸易或贷款合同所必需的所有许可。这是因为 ECA 不具备相应的知识或能力,来控制获得在境外履行各种贸易或贷款合同所必需的所有许可。如果由于被保险人未能获得必要的许可,导致无法履行 ECA 所承保的贸易或贷款合同,因此所造成的损失通常不在 ECA 的承保范围内。

23.5 贸易和贷款合同的变更

在 ECA 所承保的交易中,被保险人出口商或银行有时会同意境外买方修改贸易或贷款合同的一些条款。如果这会影响 ECA 所承保的信用风险,或者如果它不符合 ECA 保单条款,则这种修改必须经 ECA 同意。一些 ECA 的标准条款规定,未经其同意对贸易或贷款合同的修改,将导致 ECA 免除 ECA 保单项下的义务。这也可能会导致 ECA 应付的赔偿金额减少。该标准条款通常仅限于对贸易或贷款合同的重要条款的修改,尤其是规定境外买方支付信用款项并为付款提供担保的条款。如本书第 19 章所分析,重新安排信用款项支付的期限,可能是对 ECA 所承保的贸易和贷款合同的最常见的修改。

在一些出口信用交易中,境外买方会以其资产担保或以第三人提供保证的形式,为其信用款项支付提供担保。信用款项支付担保,构成 ECA 所承保的基础贸易或贷款合同的一部分,未经 ECA 同意,不得放弃或修改。未经 ECA 同意,被保险人放弃担保或修改其条款,也可能使 ECA 免除其在 ECA 保单下所承担的义务,或导致 ECA 应付的赔偿金额减少。

23.6 风险增加的情况下被保险人的义务

在 ECA 承保的信用款项未支付的风险增大的情况下,被保险人有义务尽量避免或减少 ECA 的损失。在考虑采取避免或减少损失的措施时,被保险人通常有义务向 ECA 征询此类措施的适当性。有些标准条款规定,如果 ECA 与被保险人出口商或银行就打算采取的行动存在分歧,则 ECA 具有优先决定权。该规定背后的原因是 ECA 将承担最终损失,因此有权决定应当采取何种措施来避免或减少损失。这种情况可能会出现在损失实际发生之前,且应当与本书第 20 章中所分析的追偿程序相区分。

23.7 被保险人保留一定比例的非承保风险

一些 ECA 的标准条款规定,被保险人出口商或银行必须保留一定比例的非承保风险,也称为剩余风险。此要求的原因在于 ECA 希望被保险人持续参与信用风险,以便在可能的情况下避免或减少损失。

有些 ECA 在此问题上具有灵活性,他们允许将剩余风险转移给限定数量的第三方,该类第三方通常会在 ECA 保单标准条款中指定。将剩余风险转移给未经上述方式指定的第三方,通常是不可行的,即便该第三方基于其地位、声誉和良好信誉符合 ECA 的接受标准。

有些 ECA 规定他们拥有自由选择权,允许在考虑个案情况的基础上将剩余风险转移给第三方。但是,因为需要被保险人参与避免或减少损失,ECA 可能会不愿意同意此类转移。一些 ECA 允许无限制地自由转移剩余风险,但这样的 ECA 非常少。

23.8　ECA 标准条款的放弃和修改

由于 ECA 需要处理大量 ECA 保险申请,他们不可能为单份保单进行谈判和起草个别条款。因此,大多数 ECA 采用标准条款,既节省时间又实用。通过提供标准条款,ECA 期望出口商和银行根据这些条款与境外买方进行谈判和设计交易结构。

但是,ECA 所承保的交易并不相同,标准条款并不总是适合于单个交易。因此,并不可能所有的 ECA 标准条款都得到遵守,而是需要放弃或修改某些单独的标准条款,以便与申请 ECA 保险的交易相匹配。要求放弃或修改一项标准条款时,被保险人出口商或银行必须明白,ECA 不愿意放弃或修改属于 ECA 保险的基本要求的条款。另一个原因是 ECA 是在国家的官方支持下开展业务,并且通常被期望会平等地对待所有的出口商和银行,即便是在放弃或修改其标准条款时也是如此。

有些 ECA 在处理 ECA 保险申请时,并不审查贸易和贷款合同,也并不会分析这些合同的条款是否符合 ECA 的标准条款。在这种情况下,出口商或银行有义务分析贸易或贷款合同是否符合 ECA 的标准条款,并在必要时要求 ECA 放弃或修改特定的 ECA 标准条款。

23.9 ECA 保单的法律适用和管辖

ECA 保单总是适用 ECA 所在国的法律,因为大多数被保险人出口商和银行,与为其与境外买方的贸易或贷款合同提供保险的 ECA 来自同一国家。当合同双方来自同一个国家时,他们通常会选择本国法律作为合同的准据法。当来自第三国的银行向境外买方提供贷款并从出口国的 ECA 获得 ECA 保险时,ECA 不愿意接受除本国之外的任何其他法律或司法管辖。这对参与此类交易的跨国银行来说并不是问题,因为他们具有与来自不同出口国的 ECA 打交道的经验。

参考文献

Delphos, W. A. (2004) *Inside the World's Export Credit Agencies* (Ohio: Thomson South-Western).

Gianturco, D. (2001) *Export Credit Agencies: The unsung giants of international trade and finance* (Westport: Quorum Books).

Goode, R. and Gullifer, L. (2008) *Goode on Legal Problems of Credit and Security*, 4th edn (London: Thomson Reuters Sweet & Maxwell).

OECD: http://www.oecd.org/tad/xcred/arrangement.htm.

Stephens, M. (1999) *The Changing Role of Export Credit Agencies* (Washington: International Monetary Fund).

Velmurugan, P. S. and Palanichamy, P. (eds.) (2009) *Export Credit Insurance (Opportunities & Challenges)* (New Delhi: Serials Publications).

Wood, P. R. (2007) *International Loans, Bonds, Guarantees,*

Legal Opinions, 2nd edn(London: Sweet & Maxwell).

Wood, P. R. (2007) *Principles of International Insolvency*, 2nd edn (London: Sweet & Maxwell).

图书在版编目(CIP)数据

出口信用保险从业指南／（英）兹拉特科·萨尔奇克（Zlatko Salcic）著；黄强，袁杰，刘航宇译. -- 北京：法律出版社，2020

书名原文：Export Credit Insurance and Guarantees：A Practitioner's Guide

ISBN 978－7－5197－4711－4

Ⅰ. ①出… Ⅱ. ①兹… ②黄… ③袁… ④刘… Ⅲ. ①出口信用保险－指南 Ⅳ. ①F840.685－62

中国版本图书馆 CIP 数据核字(2020)第 117887 号

出口信用保险从业指南
CHUKOU XINYONG BAOXIAN CONGYE ZHINAN

[英]兹拉特科·萨尔奇克(Zlatko Salcic)著
黄 强 袁 杰 刘航宇 译

策划编辑 朱海波
责任编辑 朱海波
装帧设计 鲁 娟

出版 法律出版社
总发行 中国法律图书有限公司
经销 新华书店
印刷 天津嘉恒印务有限公司
责任校对 马 丽
责任印制 吕亚莉

编辑统筹 法律应用出版分社
开本 A5
印张 10.125
字数 280 千
版本 2020 年 9 月第 1 版
印次 2020 年 9 月第 1 次印刷

法律出版社／北京市丰台区莲花池西里 7 号(100073)
网址／www.lawpress.com.cn
投稿邮箱／info@lawpress.com.cn
举报维权邮箱／jbwq@lawpress.com.cn
销售热线／400－660－8393
咨询电话／010－63939796

中国法律图书有限公司／北京市丰台区莲花池西里 7 号(100073)
全国各地中法图分、子公司销售电话：
统一销售客服／400－660－8393/6393
第一法律书店／010－83938432/8433 西安分公司／029－85330678 重庆分公司／023－67453036
上海分公司／021－62071639/1636 深圳分公司／0755－83072995

书号：ISBN 978－7－5197－4711－4 **定价**：52.00 元